编辑委员会

国史14讲

中央网信办网络传播局　指导
人民网中国共产党新闻网　主编

人民日报出版社
北京

图书在版编目（CIP）数据

国史 14 讲 / 人民网中国共产党新闻网主编 . -- 北京 : 人民日报出版社 , 2022.1

ISBN 978-7-5115-7180-9

Ⅰ. ①国… Ⅱ. ①人… Ⅲ. ①中国历史一现代史一研究 Ⅳ. ① K270.7

中国版本图书馆 CIP 数据核字（2021）第 226288 号

书　　名：国史 14 讲
　　　　　GUOSHI 14 JIANG
主　　编：人民网中国共产党新闻网
指　　导：中央网信办网络传播局

出 版 人：刘华新
责任编辑：宋　娜　刘思捷
插　　画：郭红松
封面设计：金　刚

出版发行：人民日报出版社
社　　址：北京金台西路 2 号
邮政编码：100733
发行热线：(010) 65369509　65369527　65369846　65363528
邮购热线：(010) 65369530　65363527
编辑热线：(010) 65369521
网　　址：www.peopledailypress.com
经　　销：新华书店
印　　刷：大厂回族自治县彩虹印刷有限公司
法律顾问：北京科宇律师事务所　010-83622312

开　　本：710mm×1000mm　1/16
字　　数：166 千字
印　　张：12.75
版次印次：2022 年 1 月第 1 版　2022 年 1 月第 1 次印刷

书　　号：ISBN 978-7-5115-7180-9
定　　价：45.00 元

目 录
CONTENTS

第 *1* 讲

三大维度看中国特色社会主义道路的世界意义

严书翰

中共中央党校（国家行政学院）教授、博士生导师，中央实施马克思主义理论研究和建设工程课题组首席专家。

观点导读

- 新中国70年发展的历史可以划分为**三个时期**，中国特色社会主义道路的开辟经历了**改革开放前后两个阶段**。70年来，我们开拓并形成了**中国特色社会主义道路**，具有重大的世界历史意义。
- 中国特色社会主义道路是在改革开放以后形成和发展起来的。党的十一届三中全会重新确立了我们党**实事求是**的**思想路线**，作出了进行**改革开放**的重大决策；十一届三中全会以后，我们党对什么是社会主义、怎样建设社会主义做了开创性的回答。
- 用70年的时间开辟出一条通往实现**国家富强**、**民族振兴**、**人民幸福**伟大目标的**中国道路**，意义非常重大。

扫一扫，观看国史讲堂本讲精彩视频

中国共产党领导中国人民在新中国 70 年发展过程中开辟了中国特色社会主义道路，具有世界历史意义。

新中国 70 年发展的历史可以划分为三个时期，中国特色社会主义道路的开辟经历了改革开放前后两个阶段，我们要正确把握这三个历史时期的特点和成就，正确认识中国特色社会主义道路发展的两个阶段的关系。70 年来，我们开拓并形成了中国特色社会主义道路，具有重大的世界历史意义。当然，中国特色社会主义道路继续向前推进，必然会遇到艰难险阻，所以我们要坚持底线思维，防范化解重大风险，夺取具有新的历史特点的伟大斗争的胜利。

新中国 70 年发展的历史分期

目前我国理论界普遍认为新中国 70 年发展可以分为三个时期，第一个时期是社会主义革命和建设时期；第二个时期是改革开放和社会主义现代化建设新时期；第三个时期是中国特色社会主义进入新时代。下面我分别从这三个时期来讲它的特点和成就。

第一个时期，是社会主义革命和建设时期的特点和成就。讲到这个时期的特点和成就，必须给大家介绍在这一时期发生的重大事件，第一是土地改革，第二是抗美援朝，第三是稳定物价和统一财经，第四是“一化三改”。

第一个事件是土地改革。土地改革对新中国来讲是非常重要的，因为它要变革中国几千年遗留下来的封建土地制度。中国人民政治协商会议第一届全体会议制定《共同纲领》，就指出了我们要完成土地改革，土地改革任务的完成意义非常重大。重大在什么地方呢？那就是变革几千年封建社会留下的地主阶级的土地制度，同时也巩固了我们新生的政权，让几亿农民摆脱封建的束缚。我们讲社会主义革命、讲新中国成立后的第一个起点必须要讲到土地改革。

第二个事件是抗美援朝。1950 年 6 月，朝鲜战争爆发。党中央、中央政府果断作出决定，要抗美援朝，保家卫国。抗美援朝战争的历史意义也是很重大的。抗美援朝战争结束后，给我国带来了半个多世纪的周边安全。

第三个事件就是稳定物价和统一财经。稳定物价和统一财经是指我们新生政权刚刚建成，就遇到了在市场上倒卖货币、倒卖黄金，以及一些不法资本家囤积货物、哄抬物价，等等。在这种情况下，我们施行了稳定物价和统一财政经济政策，这是非常重要的。毛泽东同志曾经说，这个战役的意义不下于淮海战役。

第四个事件是指“一化三改”。“一化三改”是党在社会主义过渡时期的总路线的简称，“一化”是逐步实现我国社会主义工业化；“三改”是改造农业、手工业和资本主义工商业。“一化三改”总路线对我们完成过渡时期的任务是非常重要的，经过“一化三改”，我们国家的社会主义基本制度已经初步建立起来了。

当然，这一时期除了以上讲到的四个事件以外，我们还面临着许多任务。我们党正确处理了阶级斗争是主要矛盾与恢复发展经济这个中心任务的关系，以恢复和发展经济建设为中心，这是党的七届二中全会就定下来的。所以，这一时期积累的成就，就是巩固了新生政权，初步建立起了社会主义基本制度。从此以后，社会主义建设进入了全面推进的时期。在这么大的一个东方大国，初步建立起独立的、比较完整的工业体系和国民经济体系，这是非常不容易的，具有重大的历史意义。

第二个时期，是改革开放和社会主义现代化建设新时期的特点和成就。2018 年是改革开放 40 周年，习近平总书记在庆祝改革开放 40 周年大会上，用 10 个“始终坚持”来全面总结改革开放 40 年来的伟大成就，用 9 个“必须坚持”来全面总结改革开放 40 年的宝贵经验，并用具体的数据来解读改革开放的成果。

第三个时期，是中国特色社会主义进入新时代的特点和成就。党的十九大报告从 10 个方面全面概括了十八大以来取得的历史性成就、发生的历史性变革，党的十八大以后确定习近平同志是党中央的核心、全党的核心，这是党的十八大以后，我们取得的最重要的政治成果。党的十八大以后，我们取得最重要的理论成果是什么？那就是习近平新时代中国特色社会主义思想。

中国特色社会主义道路的开拓和形成

中国特色社会主义道路是在改革开放以后形成和发展起来的。党的十一届三中全会重新确立了我们党实事求是的思想路线，作出了进行改革开放的重大决策。党的十一届三中全会以后，我们党对什么是社会主义、怎样建设社会主义作了开创性的回答。

党的十八大以来，以习近平同志为核心的党中央对深化和拓展中国特色社会主义道路作出了独创性的贡献。独创性的贡献表现在以下三点，大家可以从党的十八大通过的党章关于中国特色社会主义道路的论述中看出来。

第一个亮点，在这条道路中，增加了建设社会主义生态文明的目标。党的十八大把“四位一体”的总体布局扩展为“五位一体”。这个增加绝对不是一个数量的增加，而是一种质的提升。所以，强调建设生态文明，把建设生态文明的目标纳入中国特色社会主义道路的总体布局中，具有非常重大的意义。

第二个亮点，党的十八大把促进人的全面发展这个极为重要的内容写进了中国特色社会主义道路。马克思、恩格斯对人的自由全面发展是非常重视的，把这看作是共产主义社会的本质规定。我们今天还处在社会主义初级阶段，但是我们党把促进人的全面发展写进中国特色社会主义道路，充分显示出我们党既没有忘记共产主义理想，同时又坚持从当前基本纲领出发这样一种辩证的统一。

第三个亮点，党的十八大和十九大揭示了中国特色社会主义道路的深刻内涵。党的十九大报告概括了习近平新时代中国特色社会主义思想的核心内容是“八个明确”和“十四个坚持”，而“八个明确”和“十四个坚持”都与中国特色社会主义道路的内容密切相关。所以，可以这样讲，以习近平同志为核心的党中央对深化和拓展中国特色社会主义道路作出了独创性的贡献。

1978 年改革开放以来，中国特色社会主义道路的开拓和形成，可以得出这样一个结论：旗帜决定方向，道路决定命运。如果没有找到这条中国特色社会主义道路，我们今天就不会取得这么大的成就。

科学认识中国特色社会主义两个阶段的关系

中国特色社会主义道路，它又分为两个阶段，而每一个阶段也都由几条具体道路组成。所以，我国理论界在论述中国特色社会主义道路时，往往要涉及这么几个关键的概念，比如，新民主主义革命道路、社会主义改造道路、社会主义建设探索，等等。没有新民主主义革命道路的成功，就没有新中国的诞生，也就没有社会主义改造和社会主义建设探索，因而也谈不上中国特色社会主义道路的开拓和形成。

理论界很流行一个观点叫路径依赖。路径依赖的观点是从西方传进来的，我们既不要全盘肯定，也不要全盘否定。所谓路径依赖就是指一条道路形成必须有它的历史继承性，也就是说一条道路最终的形成，它是取决于各种各样的因素，当然其中很重要的因素就是历史的因素。坚持历史唯物主义就可以理解中国特色社会主义道路绝不是一座从天而降的"飞来峰"，我们坚持了历史的继承性。

以 1978 年改革开放为界，中国特色社会主义道路可以分为前后两个阶段，正确认识改革开放前后中国特色社会主义道路这两个阶段的关系是非常重要的。这不仅仅是个历史研究问题，而且是个政治问题。一个党、一个国家、一个民族，历史就是它的源流，历史就是它的命脉，如果历史被否定、被抹杀、被歪曲，就失去了安身立命的基础，从政治学角度来讲就失去了它的合法性基础。

为什么总有人用改革开放前后这两个阶段来相互否定？这里面我认为有两种情况。一种情况是认识问题，因为前后两个阶段，在思想指导、政治方针和工作取向等方面都存在着差别，如果不能辩证地认识这些差别的话，很容易产生困惑。但我认为，认识问题还是比较容易解决的，只要我们大家把思想统一到 1981 年党的十一届六中全会通过的《关于建国以来党的若干历史问题的决议》上来，把思想统一到习近平总书记在党的十八大之后对这个问题的一系列重要论述上来，思想上的统一、认识上的共识是很容易形成的。另一种情况就是历史虚无主义在作怪，或者说在作祟。怎样正确认识中国特色社会主义道路这两个历史阶段的关系呢？我们认为要坚持以下三条原则。

第一条原则，两个“如果没有”。如果没有 1978 年我们党果断决定实行改革开放，并坚定不移地推进改革开放，社会主义中国就不可能有今天这样大好的局面，就可能遇到像苏联、东欧国家那样亡党亡国的危机，这是第一个“如果没有”。第二个“如果没有”，是指如果没有 1949 年新中国成立并进行社会主义革命和建设，积累了重要的思想、物质、制度条件，总结了正反两方面的经验与教训，改革开放也很难顺利推进。所以，这两个“如果没有”，我认为概括得非常好。

很多人看到新中国成立初期在那么艰难的情况下，我们首创了很多第一，大家都非常感动，比如，第一台解放牌汽车下流水线、第一台万吨水压机生产出来、第一次丢掉了贫油的帽子、第一次实现了核爆炸，等等。这些“第一次”都是在中国特色社会主义道路的前面这个阶段形成的。刚才讲到了，如果没有 1949 年新中国成立，并进行社会主义革命和建设，没有这个时期积累的思想、物质和制度条件，也就没有今天的改革开放。

第二条原则，两者不可割裂。这两个时期，在进行社会主义建设的思想指导、方针政策、实际工作上，有很大的差别，但是这两个阶段绝对不是彼此割裂的，更不是根本对立的。我们党在社会主义建设实践中提出的许多正确主张，在改革开放前没有真正落实，改革开放后得到了真正的落实，将来我们还要继续坚持和发展我们党提出的这些正确主张。

第三条原则，两个“不能否定”。我们绝不能用改革开放后的历史时期来否定改革开放前的历史时期，也绝不能用改革开放前的历史时期来否定改革开放后的历史时期。改革开放前的社会主义实践探索，为改革开放后的社会主义实践探索积累了条件，改革开放后的社会主义实践探索是对前一个时期的坚持、改革和发展。这两个时期本质上都是对社会主义道路进行探索。今天我们虽然取得很大的成就，但是中国特色社会主义道路还要继续推进、继续前进、继续探索。

中国特色社会主义道路开拓和形成的世界意义

大家知道，一个拥有十几亿人口，原先经济文化落后的东方大国，用 70 年的时间开辟出一条通往实现国家富强、民族振兴、人民幸福伟大目标的中国道路，这条道路的意义确实是非常重大的，要充分认识中国特色社会主义道路的世界历史意义，我们可以从这三个维度来看。

第一，从世界社会主义的维度看。社会主义是历史潮流，是不可阻挡的，但是，我们说社会主义是人类社会历史潮流不可阻挡，并不等于说社会主义发展就是一帆风顺的。社会主义国家最多的时候达 15 个，苏联解体、东欧剧变之后，社会主义国家现在只剩下 5 个。但是，事实是最好的回答，中国特色社会主义并没有垮；而且经过改革开放 40 年，我们取得这么大的成就，可以用“风景这边独好”来形容改革开放 40 年以后的中国特色社会主义道路，这是一道非常亮丽的风景线。

第二，从发展中国家走向现代化的维度看。大家知道，现代化是人类社会发展的历史潮流和趋势。对广大发展中国家来讲，它们面临着这样一个两难的选择，就是既要融入世界现代化潮流，又要保持自身的独立性。但是，中国特色社会主义道路的成功对世界历史意义的第二个维度就体现在这里。中国特色社会主义道路的成功，就是中国特色社会主义现代化模式的成功。“中国人民的成功实践昭示世人，通向现代化的道路不止一条，只要找准正确方向、驰而不息，条条大路通罗马”，这句话是习近平主席在博鳌亚洲论坛2018年年会开幕式上讲的，说得非常深刻。

第三，从实现中华民族伟大复兴的宏伟目标看。从这个维度认识这个问题，实际上就回答了马克思主义为什么行、中国特色社会主义为什么好、中国共产党为什么能。大家知道，实现中华民族伟大复兴，这是近代以来中国人民一直追求的。1840年鸦片战争之后，中国逐步沦为半殖民地半封建社会，就是在这种积弱积贫、任人宰割的时代，中国的先进分子仍然在寻求救国救亡，实现民族复兴的真理。

1917年，俄国爆发了十月革命，给我们送来了马克思列宁主义。中国的先进分子在对马克思主义的认识过程中，在对十月革命的分析过程中，发现十月革命走的这条道路，很符合中国的情况。所以，中国先进分子从十月革命传来的炮声中找到了真正能够解决中国问题的主义，这就是马克思列宁主义。在把马克思主义与中国工人运动相结合，与中华民族解放潮流相结合的过程中，诞生了中国共产党。在中国共产党领导下，经过28年艰苦卓绝的斗争，推翻了“三座大山”，建立了社会主义新中国。中国特色社会主义道路的开辟和形成是科学社会主义在中国的生动实践，也就是科学社会主义在中国的成功，这个意义是非常重大的。这对马克思主义、科学社会主义的意义，对世界社会主义的意义，都是十分重大的。

第 2 讲

从新时代发展看中国特色社会主义理论自信

石仲泉

中共党史学家、研究员，原中央党史研究室副主任。

观点导读

- **新中国70年**是具有数千年文明历史的中华民族**改变了发展方向**的70年。改革开放以来，在社会主义革命和建设取得巨大成就的基础上，**中国特色社会主义事业**蓬勃发展。
- 党的十八大报告第一次指出：中国特色社会主义道路，中国特色社会主义理论体系，中国特色社会主义制度，是党和人民近百年**奋斗**、**创造**、**积累**的**根本成就**。
- 党的十八大以来，中国特色社会主义进入**新时代**，意味着近代以来久经磨难的中华民族迎来了从**站起来**、**富起来**到**强起来**的**伟大飞跃**。
- 习近平新时代中国特色社会主义思想，是新时代中国共产党的**思想旗帜**，是国家政治生活和社会生活的**根本指针**。

扫一扫，观看国史讲堂本讲精彩视频

新中国 70 年是具有数千年文明历史的中华民族改变了发展方向的 70 年。改革开放以来，在社会主义革命和建设取得巨大成就的基础上，中国特色社会主义事业蓬勃发展。党的十八大以来，中国特色社会主义进入新时代，意味着近代以来久经磨难的中华民族迎来了从站起来、富起来到强起来的伟大飞跃。从中国特色社会主义进入新时代发生的历史性巨变这个维度来谈理论自信，更能彰显中国特色社会主义理论的自信力。

中国特色社会主义理论与习近平新时代中国特色社会主义思想

新中国成立以来，毛泽东思想就是我们党和国家的指导思想。邓小平同志在党的十二大开幕词中明确指出：把马克思主义的普遍真理同我国的具体实际结合起来，走自己的道路，建设有中国特色的社会主义，这就是我们总结长期历史经验得出的基本结论。“建设有中国特色的社会主义”这个称谓具有里程碑意义。从实践维度而言，以邓小平同志为核心的第二代中央领导集体披荆斩棘地成功开辟了中国特色社会主义道路；从理论维度而言，中国共产党人通过对党的十一届三中全会以来实践经验的深入总结，精辟地分析国际国内形势，在实现从“两个凡是”到解放思想、实事求是，从以阶级斗争为纲到以经济建设为中心，从僵化半僵化和封闭半封闭到全面改革开放的转变之后，又实现了从计划经济到社会主义市场经济的伟大转变。

党的十四大在十三大提出“建设有中国特色的社会主义理论”概念和基本轮廓之后，对建设有中国特色社会主义理论的主要内容和重大意义作了深刻概括。报告指出：我们党建设有中国特色社会主义的理论是正确的，是符合最广大人民的利益和要求的。这个理论，第一次比较系统地初步回答了中国这样的经济文化比较落后的国家如何建设社会主义、如何巩固和发展社会主义的一系列基本问题，用新的思想、观点，继承和发展了马克思主义。党的十五大鉴于中国特色社会主义事业的快速发展，进一步提升了对于建设有中国特色社会主义理论的认识。报告指出：马克思列宁主义同中国实际相结合有两次历史性飞跃，产生了两大理论成果。第一次飞跃的理论成果是被实践证明了的关于中国革命和建设的正确的理论原则和经验总结，它的主要创立者是毛泽东，我们党把它称为毛泽东思想。第二次飞跃的理论成果是建设有中国特色社会主义理论，它的主要创立者是邓小平，我们党把它称为邓小平理论。邓小平理论坚持用马克思主义的宽广眼界观察世界，开拓了马克思主义的新境界，把对社会主义的认识提高到新的科学水平，形成了新的科学体系，是马克思主义基本原理与当代中国实际和时代特征相结合的产物，是马克思主义在中国发展的新阶段。这是我们党最早对中国特色社会主义理论的概括。

鉴于历史跨入21世纪后，我们党相继提出了“三个代表”重要思想和科学发展观等重要战略思想，党的十七大首次提出了“中国特色社会主义理论体系”，报告指出：中国特色社会主义理论体系，就是包括邓小平理论、“三个代表”重要思想以及科学发展观等重大战略思想在内的科学理论体系。这个理论体系，坚持和发展了马克思列宁主义、毛泽东思想，凝结了几代中国共产党人带领人民不懈探索实践的智慧和心血，是马克思主义中国化最新成果，是党最宝贵的政治和精神财富，是全国各族人民团结奋斗的共同思想基础。中国特色社会主义理论体系是不断发展的开放的理论体系。

党的十八大以来，鉴于国内外形势发生的深刻复杂变化和我国各项事业的深入发展，我们党提出了必须从理论和实践结合上系统回答新时代坚持和发展什么样的中国特色社会主义、怎样坚持和发展中国特色社会主义这样重大的时代课题。它包括新时代坚持和发展中国特色社会主义的总目标、总任务、总体布局、战略布局和发展方向、发展方式、发展动力、战略步骤、外部条件、政治保证等基本问题，并且要根据新的实践对党和国家各方面工作作出理论分析和政策指导，以利于更好坚持和发展中国特色社会主义。围绕这个重大时代课题，以习近平同志为核心的党中央坚持解放思想、实事求是、与时俱进、求真务实，坚持辩证唯物主义和历史唯物主义，紧密结合新的时代条件和实践要求，以全新的视野深化对共产党执政规律、社会主义建设规律、人类社会发展规律的认识，进行艰辛理论探索，取得重大理论创新成果，形成了习近平新时代中国特色社会主义思想。这个新思想，涉及领域全面，科学内涵丰富，具有鲜明的时代性、革命性、实践性特征。

党的十九大新修改的党章指出：习近平新时代中国特色社会主义思想是对马克思列宁主义、毛泽东思想、邓小平理论、“三个代表”重要思想、科学发展观的继承和发展，是马克思主义中国化最新成果，是党和人民实践经验和集体智慧的结晶，是中国特色社会主义理论体系的重要组成部分，是全党全国人民为实现中华民族伟大复兴而奋斗的行动指南，必须长期坚持并不断发展。随后，十三届全国人大一次会议通过宪法修正案，将习近平新时代中国特色社会主义思想载入宪法，实现了国家指导思想与时俱进，反映了全国各族人民共同意志和全社会共同意愿。

习近平新时代中国特色社会主义思想，是新时代中国共产党的思想旗帜，是国家政治生活和社会生活的根本指针。如果说毛泽东思想主要是引导中华民族站起来，邓小平理论、“三个代表”重要思想和科学发展观主要是引导中华民族富起来，那么习近平新时代中国特色社会主义思想则是指引中华民族强起来的主要标识。正是在这个意义上，我们可以说，习近平新时代中国特色社会主义思想，实现了马克思主义的基本原理同当代中国实践和时代特征相结合的又一次飞跃，是对中国特色社会主义理论体系的极大丰富和发展。

中国特色社会主义理论最新成果
迎来新中国走向强起来的中国特色社会主义新时代

党的十八大以来，在习近平新时代中国特色社会主义思想指导下，以习近平同志为核心的党中央，以巨大的政治勇气和强烈的责任担当，提出一系列新理念新思想新战略，出台一系列重大方针政策，推出一系列重大举措，解决了许多长期想解决而没有解决的难题，办成了许多过去想办而没有办成的大事，党和国家事业取得全方位、开创性的成就，发生深层次、根本性的变革，迎来了新中国走向强起来的中国特色社会主义新时代。

在党和国家事业取得的一系列成就和变革中，最能说明当代中国迎来“强起来”的标识，至少有 5 项。

（一）经济社会的发展强起来了。在新中国成立以来特别是改革开放以来不断取得巨大成就的基础上，以习近平同志为核心的党中央统筹推进“五位一体”总体布局、协调推进“四个全面”战略布局，以前所未有的力度，引领改革涉深水、闯险滩、啃硬骨头，不断向纵深推进；同时，提出创新、协调、绿色、开放、共享的新发展理念，进一步端正发展观念、转变发展方式，以供给侧结构性改革为主线，贯彻稳中求进工作总基调，努力优化经济结构，使经济社会的发展又迈上一个新台阶。这主要表现在：经济结构空前优化，着力提升发展质量和效益。2015 年，我国第三产业增加值超过第二产业。重大科技成果不断涌现，经济发展的科技含量空前提升。科技创新融入经济社会发展全局，经济发展向中高端水平迈进。发展速度保持中高速增长，经济运行总体平稳。实施并不断扩大自贸区等一系列重大改革，开放型经济新体制逐步健全，成为全球经济第一大增长引擎。2013 年到 2016 年，我国对世界经济增长的平均贡献率达到 30%以上，超过美国、欧元区和日本贡献率的总和，居世界第一位。

（二）民生的福祉强起来了。这主要表现在：脱贫攻坚取得决定性进展。为实现精准扶贫、精准脱贫，做到因户因人施策，绝不让一个贫困群众掉队，各级多地党组织选派上百万优秀干部驻村帮扶，每个贫困户都有帮扶责任人，实现全覆盖；每年减贫人口超过往年：2016 年，农村贫困人口比 2012 年又减少 5564 万人，平均每年减贫近 1400 万人，相当于一个欧洲大国的人口总数。我国农村从普遍贫困走向整体消除绝对贫困，对全球减贫贡献率超过 70%。中等收入群体持续扩大。

按照世界银行标准，我国中等收入群体达到3亿多人，是世界上中等收入人口最多的国家。覆盖城乡居民的社会保障体系基本建成，普遍建立城乡居民大病保险制度，初步织起全球最大的全民基本医疗保障网；推进棚户区改造，保障性住房建设显著加快，城镇中低收入家庭的住房条件明显改善；深化社会保障制度改革，建立全国统一的城乡居民基本养老保险、统筹推进社会救助等制度，进一步完善了社会治理体系，人民群众获得感显著增强。

（三）国防军事力量强起来了。这主要表现在：一是全面实施改革强军战略，人民军队组织架构发生历史性变革，新组建军委联合作战指挥机构和战区联合作战指挥机构，以精锐作战力量为主体的联合作战体系正在形成，实现了人民军队力量体系的革命性重塑。二是贯彻古田全军政治工作会议精神，大力加强全军思想政治工作，强调培养有灵魂、有本事、有血性、有品德的新时代革命军人；全面停止军队有偿服务，坚决铲除滋生腐败问题和不良风气的土壤，人民军队政治生态得到有效治理，全军新风正气不断上扬。三是坚持科技强军，加快推进武器装备现代化，一大批高新武器装备亮相。中国军队开始了由大向强的“关键一跃”。四是坚持战斗力标准，空前强化实战化训练，全军上下向打仗聚焦，各系列联合演练，体现实战化要求。这些年推动国防和军队改革取得的重大突破，为实现强军目标、建设世界一流军队奠定了坚实基础。

（四）国际事务中的作用强起来了。这突出地表现为：积极推进外交理论与实践创新，完善外交方略，形成全方位、多层次、立体化的外交布局，引领中国在复杂多变的国际格局中日益走近世界舞台中央。2013年秋，习近平主席提出共建“丝绸之路经济带”和“21世纪海上丝绸之路”倡议后，全球 100 多个国家和国际组织积极响应和参与。2017 年 5 月，来自 29 个国家的国家元首、政府首脑以及五大洲的 1600 多名参会代表，出席“一带一路”国际合作高峰论坛。这是我国首倡和主办的层级最高、规模最大的多边外交活动。此外，积极运筹大国关系，同主要大国关系稳中有进。秉持亲诚惠容理念，全面加强同周边国家的友好合作，推动构建以合作共赢为核心的新型国际秩序。我国同 100 个左右的国家和国际组织建立了伙伴关系，我国的“朋友圈”越来越大。大力倡导构建人类命运共同体。2017 年 3 月，构建人类命运共同体理念载入联合国安理会决议。我国国际影响力、感召力、塑造力空前提高。

（五）全面从严治党使党的力量真正强起来了。以习近平同志为核心的党中央，勇于直面党所面临的重大风险考验和党内存在的突出问题，以顽强意志品质止风肃纪、反腐惩恶，消除了党和国家内部存在的严重隐患。这主要表现在：一是我们党在现代政党政治理论上进一步强起来了。党中央以雷霆万钧之势开展的反腐败斗争，成功地挑战了西方国家和全盘西化论者认为的不可能，在理论上提升了党的建设规律认识，在实践上更加巩固了执政基础。二是重新强调思想建党，广大党员的理想信仰信念进一步强起来了。要求坚持以德治党，炼就共产党人的“金刚不坏之身”；坚持“不忘初心、牢记使命”主题教育，空前强化全党对共产主义理想、马克思主义信仰、中国特色社会主义信念的坚定度。三是明确提出制度治党，制定和健全系统完备的法规制度体系，不断完善对权力运行的制约和监督体制机制，将权力关进制度的笼子里，党的制度建设进一步强起来了。四是狠抓作风强党，党的先进性、纯洁性形象强起来了。以依规治党为抓手，严明党的纪律特别是政治纪律和政治规矩，纪在法前、纪严于法，把执纪和执法贯通起来，用纪律和规矩管党治党，使党员模范遵守国家法律法规。开展的“党的群众路线教育实践活动”等集中教育，坚决纠正管党治党宽松软问题，加上从严惩治贪腐，党内政治生活气象更新，党内政治生态明显好转，党的良好形象更鲜明地展现在世人面前。全面从严治党这场伟大的自我革命，校正了党和国家前进航向，是党的作风建设的一次拨乱反正。这是我们国家走向强起来的根本保证。以习近平同志为核心的党中央，将党的建设新的伟大工程推向了新阶段。

上述五个方面的强起来，构成党的十八大以来中国走向强起来、进入中国特色社会主义新时代的重要标识。

中国特色社会主义理论自信伟力来自哪里

党的十八大报告第一次指出：“中国特色社会主义道路，中国特色社会主义理论体系，中国特色社会主义制度，是党和人民九十多年奋斗、创造、积累的根本成就。……发展中国特色社会主义是一项长期的艰巨的历史任务，必须准备进行具有许多新的历史特点的伟大斗争。”我们党在建党100年时已全面建成小康社会，在新中国成立100年时也一定能建成社会主义现代化国家，全党要坚定这样的道路自信、理论自信、制度自信、文化自信。就理论自信而言，这个自信伟力来自以下方面。

第一，来自中国特色社会主义理论的科学真理性。中国特色社会主义理论作为马克思主义在中国具体运用的理论，首先在于它的母体理论马克思主义是科学真理。马克思主义创始人马克思和恩格斯，研究、继承和改造了人类文明的一切优秀学说，揭示了历史发展客观规律的总趋势，将建构人类理想的社会主义和共产主义奠定在唯物史观和剩余价值理论的坚实基础上，实现了人文社会科学的理论革命，是近现代世界文明的伟大思想成果。它的科学真理性颠扑不破。将马克思主义普遍原理与中国革命和建设具体实践相结合的毛泽东思想，作为第一个马克思主义中国化理论，是对中国革命和建设正确理论原则和经验的总结，无疑是具有真理性的科学理论。同样，包括邓小平理论、“三个代表”重要思想、科学发展观和习近平新时代中国特色社会主义思想在内的中国特色社会主义理论，是马克思主义普遍原理与当代中国的改革开放和现代化建设的具体实践相结合而形成的科学理论，对于当代中国的发展也具有真理性。中国特色社会主义理论是当代中国的马克思主义。作为中国特色社会主义理论最新成果的习近平新时代中国特色社会主义思想，是 21 世纪的马克思主义，是在对科学社会主义理论与实践的深邃思考、深刻总结，对坚持和发展中国特色社会主义的不懈探索、砥砺前行中创立并不断丰富发展的，是指引全党全国人民为实现中华民族伟大复兴而奋斗的行动指南。

第二，来自中国特色社会主义理论的实践成功性。理论自信，不是自说自话，更不是自吹自擂。任何理论都需要实践检验。马克思说得好：人的思维是否具有客观的真理性，这不是一个理论的问题，而是一个实践的问题。人应该在实践中证明自己思维的真理性，即自己思维的现实性和力量，自己思维的此岸性。据此，实践是检验真理的唯一标准。我们为什么对中国特色社会主义理论充满高度自信呢？就在于它是被改革开放 40 多年来的实践证明了的唯一能使中国从此前的已经站起来又开始富起来，并走向强起来的正确理论。曾几何时，中国是世界上积贫积弱的国家。新中国成立之初的1952年，国内生产总值仅为679亿元，人均国内生产总值为119元。经过长期努力，1978年我国国内生产总值增加到3679亿元，尽管增加了4倍多，但占世界经济的比重却只有1.8%，居全球第11位。改革开放以来，我国经济快速发展，2010年达到41万亿元，超过日本，成为世界第二大经济体。党的十八大以来，综合国力持续提升。2018年我国经济总量达到90万亿元，占世界经济的比重接近16%。[①]按不变价计算，2018年国内生产总值比新中国成立之初增长175倍，对世界经济增长的年均贡献率为18%左右，仅次于美国居世界第二。我国成为世界经济增长的动力之源、稳定之锚，正在由经贸大国稳步走向经贸强国。此外，2018年我国人均国民总收入达到9732美元，比新中国成立之初的27美元增长360倍，达到高于中等收入国家的平均水平。[②]发展是硬道理，新中国70年之巨变，是理论自信十足的根本底气。

第三，来自中国特色社会主义理论的人民认同性。这也来自马克思讲过的，“理论一经掌握群众，也会变成物质力量”。“理论只要彻底，就能说服人。所谓彻底，就是抓住事物的根本”。毛泽东同志发挥马克思的思想指出：“代表先进阶级的正确思想，一旦被群众掌握，就会变成改造社会、改造世界的物质力量”。无论毛泽东思想还是中国特色社会主义理论，之所以能产生巨大能量，变成改变中国面貌的空前

---

① 根据《中华人民共和国2020年国民经济和社会发展统计公报》，2020年我国经济总量达101.6万亿元，突破100万亿元大关。另据中央财经委员会办公室2021年6月信息，目前我国经济总量占全球经济的比重提高到17%以上。

② 据国家统计局数据，2019年我国人均国民总收入进一步上升至10410美元，首次突破1万美元大关，高于中等偏上收入国家9074美元的平均水平。2020年，我国人均国民总收入继续保持在1万美元以上。

强大物质力量，就在于它为广大人民群众所掌握了。人民群众之所以掌握它，就在于它是科学真理。在社会领域，凡科学真理都具有人民性。中国特色社会主义理论是以合乎最广大人民群众的最大利益，为最广大人民群众所拥护为最高标准的。它既为中华民族谋复兴，也为中国人民谋幸福。以习近平同志为核心的党中央就职伊始就郑重宣示：人民对美好生活的向往，就是我们的奋斗目标；在党的十八届五中全会又提出“以人民为中心”的发展思想，始终把人民利益放在心中最高位置。这样一切为了人民利益的理论，广大人民群众怎么会不认同它、拥护它？毫无疑问，广大人民群众会真心实意地认同它、拥护它，要为实现它的目标而忘我奋斗。这就是中国特色社会主义理论能变成改变中国面貌的强大物质力量的根本原因所在。古希腊神话有个巨人叫安泰，只要双脚不离开大地，就会有无穷力量，不可战胜。中国特色社会主义理论自信力来自哪里？来自植根这个理论的大地母亲，来自这个理论深深地为广大人民群众所认同和拥护。这是中国特色社会主义理论自信力的源泉。

第四，来自中国特色社会主义理论的与时俱进创新性。中国特色社会主义理论具有与时俱进创新性的特点。恩格斯说：“我们的理论是发展着的理论”，“每一个时代的理论思维，从而我们时代的理论思维，都是一种历史的产物，它在不同的时代具有完全不同的形式，同时具有完全不同的内容”。中国特色社会主义理论是与时俱进、不断发展创新的理论。改革开放以来，中国特色社会主义理论就是随着时代的前进和实践的发展而不断丰富和发展的。时代是思想之母，实践是理论之源。当代中国正经历着我国历史上最为广泛而深刻的社会变革，也正在进行着人类历史上最为宏大而独特的实践创新。当今世界正在经历百年未有之大变局，世界多极化、经济全球化、社会信息化、文化多样化深入发展，国际力量对比更趋平衡，但国际关系的不稳定性也在增加。在这样的大格局下，中国特色社会主义进入新时代，是一个需要理论而且一定能够产生理论的时代。习近平总书记指出：世界每时每刻都在发生变化，中国也每时每刻都在发生变化，我们必须在理论上跟上时代，不断认识规律，不断推进理论创新、实践创新、制度创新、文化创新以及其他各方面创新。“只要我们善于聆听时代声音，勇于坚持真理、修正错误，二十一世纪中国的马克思主义一定能够展现出更强大、更有说服力的真理力量！”中国特色社会主义理论自信力从何而来？与时俱进创新性展示了它的强大力量。

第 3 讲

中国特色社会主义制度的伟大成就

冯　俊

原中央党史研究室副主任，中央党史和文献研究院原院务委员，中国中共党史学会常务副会长。

观点导读

- 新中国70年，**中国特色社会主义制度**不断发展和完善，中国特色社会主义已经成为一种**稳定的、科学的、规范的现代制度体系**。
- 中国特色社会主义伟大实践的**创新**，**发展**和**完善**了中国特色社会主义制度，为当代中国发展进步提供了**根本制度保障**。
- 新中国70年，中国人走过了西方国家两三百年的现代化道路，创造了人类社会发展史上惊天动地的**发展奇迹**，充分证明了中国特色**社会主义制度**的**优越性**。

扫一扫，观看国史讲堂本讲精彩视频

1949 年 10 月 1 日，毛泽东同志在天安门城楼上向全世界庄严宣告，中华人民共和国中央人民政府成立了，中国从此开启了实现国家富强、民族振兴、人民幸福和中华民族伟大复兴中国梦的新征程。社会主义基本制度的确立，完成了中华民族有史以来最为广泛而深刻的社会变革，为当代中国一切发展进步奠定了根本政治前提和制度基础，为中国发展富强、中国人民生活富裕奠定了坚实基础。中华民族由不断衰落到根本扭转命运、持续走向繁荣富强，中华民族和中国人民在中国共产党的领导下迎来了从站起来、富起来到强起来的伟大飞跃。

新中国成立 70 年来，中国特色社会主义制度不断发展和完善，形成了人民代表大会制度的根本政治制度，中国共产党领导的多党合作和政治协商制度、民族区域自治制度以及基层群众自治制度等基本政治制度，中国特色社会主义法律体系，公有制为主体、多种所有制经济共同发展的基本经济制度，以及建立在这些制度上的经济体制、政治体制、文化体制、社会体制、生态文明体制等各项具体的制度。这些制度构成了一个完整的制度体系。

2014 年，习近平总书记指出，“从形成更加成熟更加定型的制度看，我国社会主义实践的前半程已经走过了，前半程我们的主要历史任务是建立社会主义基本制度，并在这个基础上进行改革，现在已经有了很好的基础。后半程，我们的主要历史任务是完善和发展中国特色社会主义制度，为党和国家事业发展、为人民幸福安康、为社会和谐稳定、为国家长治久安提供一整套更完备、更稳定、更管用的制度体系。”

中国特色社会主义制度的确立

近代以来，中国半殖民地半封建的社会性质，决定着中国革命的进程必须是分两步走，第一步是新民主主义革命，建立一个独立的新民主主义社会；第二步是社会主义革命，建立一个社会主义社会。

人民民主专政就是人民当家作主。人民是什么？在当时，是工人阶级、农民阶级、城市小资产阶级和民族资产阶级。这些阶级在工人阶级和共产党的领导下团结起来，组成自己的国家，选举自己的政府。工人阶级是领导阶级，基础是工人阶级、农民和城市小资产阶级的联盟，主要是工人和农民的联盟。

中国革命分新民主主义革命和社会主义革命两步走，共和国实行人民民主专政而不是无产阶级专政，小资产阶级和民族资产阶级是人民的一部分，而不是专政的对象，通过人民政治协商会议由社会各界广泛参与协商建国。新中国成立之后到社会主义制度的建立有一个过渡时期，通过逐步实现社会主义工业化，逐步实现国家对农业、手工业和资本主义工商业的改造的过渡时期总路线，从新民主主义逐步过渡到社会主义。在“一化三改”的过程中，对资产阶级进行和平赎买，采取让资本家从公私合营的企业中分得一部分红利和股息的办法逐步向社会主义过渡，农业合作化采取由低级到高级向社会主义过渡的办法。

完成生产资料所有制的社会主义改造、建立起社会主义制度之后，中国的社会主义经济、政治和文化该怎样建设和发展，这是摆在我们党面前的一个新问题。新中国成立之初，在借鉴外国经验的同时，总结自己的经验。1956 年毛泽东同志的《论十大关系》、党的八大确立的党的正确路线展现了党寻找适合中国国情的建设社会主义的道路而做的探索，提出社会主义改造基本完成以后，全党的工作中心应该转向经济建设、进一步转移到集中力量发展社会生产力方面来。

在党的十一届三中全会后，1979 年 3 月，邓小平同志强调："过去搞民主革命，要适合中国情况，走毛泽东同志开辟的农村包围城市的道路。现在搞建设，也要适合中国情况，走出一条中国式的现代化道路。""中国式的现代化，必须从中国的特点出发。"这是邓小平同志第一次提出"走出一条中国式的现代化道路"的任务，而且强调走这条道路必须"从中国的特点出发"。

1982 年 9 月 1 日，邓小平同志在党的十二大开幕词中指出："我们的现代化建设，必须从中国的实际出发。无论是革命还是建设，都要注意学习和借鉴外国经验。但是，照抄照搬别国经验、别国模式，从来不能得到成功。这方面我们有过不少教训。把马克思主义的普遍真理同我国的具体实际结合起来，走自己的道路，建设有中国特色的社会主义，这就是我们总结长期历史经验得出的基本结论。"邓小平同志这段简短精辟的讲话是中国特色社会主义的宣言书，标志着中国特色社会主义的确立。

经过改革开放 40 年，党的十九大作出了新判断，"经过长期努力，中国特色社会主义进入了新时代，这是我国发展的新的历史方位。"我国进入新时代的一个重要标志就是我国社会的主要矛盾已经改变。"中国特色社会主义进入新时代，我国社会主要矛盾已经转化为人民日益增长的美好生活需要和不平衡不充分的发展之间的矛盾。"我们党在探索中国特色社会主义的实践中，逐步形成了关于中国特色社会主义“五位一体”的总体布局和“四个全面”的战略布局，我们对于中国特色社会主义道路、理论、制度、文化更加充满自信。新中国成立70年，中国特色社会主义制度不断发展和完善，中国特色社会主义已经成为一种稳定的、科学的、规范的现代制度体系。

中国特色社会主义制度的创新、完善和发展

新中国70年，在社会主义革命、社会主义建设、改革开放和现代化建设中，中国共产党领导着中国人民在实践和理论上不断创新，在推进马克思主义中国化的进程中，丰富和发展了科学社会主义理论。中国特色社会主义制度不断地发展和完善。中国特色社会主义制度的创新、完善和发展，突出表现在以下几个方面。

第一点，我国经济体制改革的目标是建立社会主义市场经济体制。

1992年年初，邓小平同志在南方谈话中科学总结了党的十一届三中全会以来的实践探索和基本经验，从理论上深刻回答了长期困扰和束缚人们思想的许多重大问题。邓小平同志指出，姓“社”姓“资”的问题，要以“三个有利于”为标准，“应该主要看是否有利于发展社会主义社会的生产力，是否有利于增强社会主义国家的综合国力，是否有利于提高人民的生活水平。”计划多一点还是市场多一点，不是社会主义与资本主义的本质区别，“计划经济不等于社会主义，资本主义也有计划；市场经济不等于资本主义，社会主义也有市场。计划和市场都是经济手段。社会主义的本质，是解放生产力，发展生产力，消灭剥削，消除两极分化，最终达到共同富裕。”邓小平同志对社会主义

作出了科学的定义，纠正了我们以往将计划经济等同于社会主义的错误认识。

第二点，坚持中国特色社会主义政治发展道路的关键是坚持党的领导、人民当家作主、依法治国有机统一。

中国特色社会主义民主的两种形式，一种是人民代表大会制度，一种是协商民主广泛多层制度化发展，“人民通过选举、投票行使权利和人民内部各方面在重大决策之前进行充分协商，尽可能就共同性问题取得一致意见，是中国社会主义民主的两种重要形式。在中国，这两种民主形式不是相互替代、相互否定的，而是相互补充、相得益彰的，共同构成了中国社会主义民主政治的制度特点和优势。”

1997 年 9 月，党的十五大提出依法治国、建设社会主义法治国家，强调依法治国是党领导人民治理国家的基本方略。党的十八大以来，全面推进依法治国，加快建设社会主义法治国家，提出法治中国建设的“新十六字方针”：科学立法、严格执法、公正司法、全民守法，强调“依法治国是治理国家的基本方略”，明确提出“法治是治国理政的基本方式”。党的十八大之后，2012 年 12 月，习近平总书记在首都各界纪念现行宪法公布施行 30 周年大会上庄严宣告，“依法治国，首先是依宪治国；依法执政，关键是依宪执政。”这充分强调了宪法在依法治国中的重要地位。

2014 年 10 月，党的十八届四中全会作出《中共中央关于全面推进依法治国若干重大问题的决定》，提出全面依法治国的总目标，那就是：建设中国特色社会主义法治体系，建设社会主义法治国家。坚持依法治国、依法执政、依法行政共同推进，坚持法治国家、法治政府、法治社会一体建设。

2014年12月4日是中国首个国家宪法日。2018年3月新修订的宪法规定："国家工作人员就职时应当依照法律规定公开进行宪法宣誓。"3月17日，十三届全国人大一次会议在北京人民大会堂举行第五次全体会议，当选为中华人民共和国主席、中华人民共和国中央军事委员会主席的习近平同志进行宪法宣誓。这是宪法宣誓制度实行以来首次在全国人民代表大会上举行的宪法宣誓活动。

第三点，"一国两制"的伟大构想及其实践。

邓小平同志在毛泽东、周恩来同志关于争取和平解决台湾问题思想的基础上，创造性地提出"一国两制"的伟大构想。1979年元旦，全国人大常委会发表《告台湾同胞书》，表达了祖国大陆对台湾人民的思念之情，也表达了中国共产党和中国政府以和平方式解决台湾问题的意愿。1981年9月30日，全国人大常委会委员长叶剑英向新华社记者发表谈话，就台湾回归祖国，实现和平统一，提出了九条方针，这九条方针第一次全面地阐述了中央政府对台湾的政策。1982年1月11日邓小平同志在会见美国华人协会主席李耀滋时说，九条方针是以叶剑英副主席的名义提出来的，实际上是"一个国家，两种制度"。这是第一次明确提出"一国两制"的概念。1983年6月26日，邓小平同志提出了解决台湾问题的六条方针，这六条方针集中体现了邓小平同志运用"一国两制"方式解决台湾问题的构想。"一国两制"，就是在一个中国的前提下，国家的主体坚持社会主义制度，台湾保持原有的资本主义制度长期不变。1992年11月，海协会与台湾海基会在两岸事务性商谈中以函件达成共识，核心要义是"海峡两岸同属一个中国，共同努力谋求国家统一"，后被称为"九二共识"。2005年3月14日，十届全国人大三次会议高票通过《反分裂国家法》，充分反映了党和国家努力争取和平统一的一贯立场和维护国家统一和领土完整的坚定决心。2008 年 12 月，两岸海、空直航和直接通邮正式启动，两岸全面直接双向“三通”迈开了历史性步伐。为了坚持“九二共识”，2015 年 11 月 7 日，习近平主席同台湾方面领导人马英九在新加坡会面，这是 1949 年之后两岸领导人的第一次会面，翻开了两岸关系历史性的一页。

“一国两制”的构想首先是针对台湾问题提出来的，但是付诸实践首先是被用来解决香港、澳门问题。香港、澳门先后回归祖国，“一国两制”从科学构想变成了生动实践。中华人民共和国政府于 1997 年 7 月 1 日对香港恢复行使主权，中英两国政府举行香港交接仪式，英国政府把香港交还中国。1999 年 12 月 19 日午夜至 20 日凌晨，中葡两国政府举行澳门政权交接仪式。香港和澳门回归，标志着外国列强占领中国国土的时代彻底结束，开创了港澳两地和祖国内地共同发展的新纪元。通过外交谈判并以“一国两制”的方式解决香港、澳门问题，是中国人民为世界和平与进步事业作出的重要贡献。

中国特色社会主义伟大实践的创新，发展和完善了中国特色社会主义制度，为当代中国发展进步提供了根本制度保障。

中国特色社会主义的制度自信

各国国情不同，每一个国家的政治制度都是独特的，都是由这个国家的人民决定的，都是在这个国家历史传承、文化传统、经济社会发展的基础上长期发展、渐进改进、内生性演化的结果。中国特色社会主义政治制度之所以行得通、有生命力、有效率，就是因为它是从中国的社会土壤中生长起来的。不可能脱离特定社会政治条件来抽象评判，不可能千篇一律、归于一尊。在政治制度上，看到别的国家有而我们没有就简单认为有欠缺，要搬过来；或者，看到我们国家有而别的国家没有，就简单认为是多余的，要去除掉。这两种观点都是简单化的、片面的，因而都是不正确的。对丰富多彩的世界，我们应该秉持兼容并蓄的态度，虚心学习他人的好东西，在独立自主的立场上，把他人的好东西加以消化吸收，化成我们自己的好东西，绝不能囫囵吞枣、邯郸学步。因此，习近平总书记在纪念马克思诞辰200周年大会上指出，“当代中国的伟大社会变革，不是简单延续我国历史文化的母版，不是简单套用马克思主义经典作家设想的模板，不是其他国家社会主义实践的再版，也不是国外现代化发展的翻版。社会主义并没有定于一尊、一成不变的套路，只有把科学社会主义基本原则同本国具体实际、历史文化传统、时代要求紧密结合起来，在实践中不断探索总结，才能把蓝图变为美好现实。”

习近平总书记强调：“中国特色社会主义，是科学社会主义理论逻辑和中国社会发展历史逻辑的辩证统一，是根植于中国大地、反映中国人民意愿、适应中国和时代发展进步要求的科学社会主义，是全面建成小康社会、加快推进社会主义现代化、实现中华民族伟大复兴的必由之路。”中国特色社会主义制度是“社会主义”与“中国特色”二者的有机统一。社会主义制度的优越性，如同邓小平同志所指出的一样，主要体现在两个方面：一个“就是能够允许社会生产力以旧社会所没有的速度迅速发展，使人民不断增长的物质文化生活需要能够逐步得到满足”；另一个，“再加上发挥社会主义制度能够集中力量办大事的优势”。新中国70年，中国人走过了西方国家两三百年的现代化道路，创造了人类社会发展史上惊天动地的发展奇迹，这些充分证明了社会主义制度的优越性。

我们坚持制度自信并不是说中国政治制度就完美无缺了，就不需要完善和发展了。我们不能自我满足，更不能裹足不前、故步自封，而是要把坚定制度自信和不断改革创新统一起来，在坚持根本政治制度、基本政治制度的基础上，不断推进制度体系完善和发展。党的十八届三中全会通过《中共中央关于全面深化改革若干重大问题的决定》，提出了全面深化改革总目标是完善和发展中国特色社会主义制度，推进国家治理体系和治理能力现代化。国家治理体系是党领导人民管理国家的制度体系，包括经济、政治、文化、社会、生态文明和党的建设等各领域的体制、机制和法律法规安排，也就是一整套紧密相连、相互协调的国家制度。国家治理能力，是运用国家制度管理社会各方面事务的能力，包括改革发展稳定、内政外交国防、治党治国治军等各方面的能力。全面深化改革的总目标是由两句话组成的，前一句话“完善和发展中国特色社会主义制度”，后一句话“推进国家治理体系和治理能力现代化”。国家治理体系和治理能力是既相互区别，又相辅相成的有机整体，是辩证统一的关系。国家治理体系和治理能力的现代化丰富了现代化概念的内涵。

由于中国特色社会主义不断成功，中国成为世界社会主义的旗手，改变了世界的格局。冷战结束后世界社会主义万马齐喑的局面得到很大程度的扭转，社会主义优越性得到很大程度的彰显。

习近平总书记在党的十九大报告中指出，“中国特色社会主义道路、理论、制度、文化不断发展，拓展了发展中国家走向现代化的途径，给世界上那些既希望加快发展又希望保持自身独立性的国家和民族提供了全新选择，为解决人类问题贡献了中国智慧和中国方案。”中国特色社会主义给世界提供了一条不同于西方现代化的道路，对于广大发展中国家来说更具有可借鉴性。因此，中国特色社会主义彰显出了重要的世界意义。

第 *4* 讲

中国特色社会主义文化自信

尹韵公

中国社会科学院中国特色社会主义理论体系研究中心原主任、研究员。

观点导读

- 今天，中国发展这么好，原因在哪里？我们情不自禁地就会探讨到文化问题，这就是**文化自信**。
- 1921年，中国共产党成立以后，我们才找到了民族道路应该怎么走，方向在哪里。应该说是中国共产党**拯救**了中国文化。我们建立新中国以后，实际上是**延展**了中国文化，**拓展**了中国文化，同时也**创造**了中国文化。
- 新中国的成立，为中国文化的发展创造了非常好的条件。在社会主义建设时期，雷锋精神、焦裕禄精神等深入人心。而且中国共产党创造了一种**红色文化**，这种红色文化的理念，继续发扬了中国文化中的一些**优秀内涵**。改革开放以后，我们更加**重视文化建设**，拓展中国文化。
- 我们的文化自信实际上还是要继续从改革开放40年、新中国成立70年的经验、实践中，创造出、提炼出一些新概念、新坐标，使之成为**新的精神标识**、**新的理论概括**，习近平总书记其实给我们提出了这样的**任务**。

扫一扫，观看国史讲堂本讲精彩视频

文化自信，现在是一个热词，大家都很关注。那么怎样理解文化自信？怎样充分认识文化自信的内涵？

提出文化自信的时代背景

讲到文化自信的时候，要注意一定离不开时代背景。目前我们遇到两大时代背景。一个就是百年未有之大变局，这是习近平总书记反复强调的。二战以后，虽然局部冲突、小规模的冲突不断，但是总的来说，和平发展是主线。同时，我们也要看到世界上积累的矛盾仍然很多，我们经历的是世界百年未有之大变局。西方学者认为是数百年未有之变局，在西方中心主义看来，现在中国崛起，西方受到了挑战，所以称之为数百年未有之大变局。这个变局，大家是承认的，这个时代背景我们一定要充分认识到。第二个背景就是互联网背景。互联网使得文化交流、文化交融更方便，也更容易。但是，任何伟大的发明创造都会有两面性，好的一面也有，不好的一面也会有。所以，在这两个大的时代背景下，怎样搞好我们的文化建设，增强我们的文化自信，这是亟待解决的一个课题。

文化自信是伟大复兴的必然要求

今天我们谈到文化自信的时候，为什么会对它这么重视呢？这使得我想起20世纪80年代的时候，那时亚洲四小龙的经济迅速发展，引起了国际社会的关注，尤其是引起了一些经济学家、政治学家和社会学家的热烈讨论。因为他们发现亚洲四小龙既不同于西方国家的发展模式，也不同于当时苏联、东欧社会主义国家的发展模式，它是一种新型的模式。这种新型的发展模式怎么会发展这么好呢？经过研究，最后他们认为，亚洲四小龙的发展说到底就是儒家文化起了很大的作用。所以，他们创造了这个词叫“儒家文明圈”。其实日本最早发展的时候，西方国家都已经注意到了，因为日本文化说到底，它的根是中华文明。所以，从这个角度来看，我们可以发现，一个国家、一个地区，如果探讨它的发展，追根溯源是文化问题。

在今天，我们日益走向世界舞台的中央，我们比历史上任何时期都更加接近中华民族伟大复兴的目标。同样的问题，同样的逻辑，也摆在我们的面前，就是中国发展这么好，原因在哪里？所以，我们情不自禁地就会探讨到文化问题，这就是文化自信。因为从亚洲四小龙、从日本那儿已经有了历史经验和历史观照。在中国发展到今天讨论文化自信，实际上是一种客观必然，也显示了我们国家有一种文化自觉和历史主动精神。因为在过去从亚洲四小龙的崛起谈文化自信的问题，还是处于被动状态。今天，因为有了亚洲四小龙和日本的经验，所以我们谈文化自信的时候，就是非常主动的一种行为。

近代以来中华民族的文化探索

从 1840 年鸦片战争开始，中国社会受到了巨大的冲击，中国的民族文化更是受到了极大的冲击。在中华民族同西方列强或者同西方文明交往过程中，我们经历了一次又一次的失败，一次又一次的挫折甚至重大挫折。

虽然两次鸦片战争都失败了，但是我们还是要发奋图强，所以那时候中国社会精英提出中学为体、西学为用，师夷长技以制夷，把西方先进的技术学过来。晚清的时候，洋务运动为中国社会带来了一派欣欣向荣的景象。但是很快，到 1894 年甲午战争，中国被打败，中国社会一片哗然——我们人口那么多，文明那么先进，日本的文化是在中华文明的抚育之下而成长的一种文化，日本怎么会打败我们？

但事实就摆在面前，日本打败了中国。所以，那个时候，中国文化受到了空前未有的冲击。中国社会的精英开始彻底觉醒。我认为，中华文明五千年的历史，如果要说遭受最严重的挫折感的时期也就是那个时候。甲午战败以后，因为不知道怎么办，中国社会文化被西方文化冲击很大。我们今天来看五四运动，当时一些先知、先觉者们非常激进，比如提出要打倒“孔家店”，比如说要废除孔孟之道，甚至有人提出来要废除汉字，认为汉字太束缚人的思想，可以想见当时整个社会对我们的传统文化失望到了什么程度。

当然，中国的社会精英，他们肯定会想，孔孟之道是中国传统文化的精髓，当时的人一辈子接受的是几千年来老祖宗的教诲。当时，鲁迅实际上沉寂多年后，才开始写了《狂人日记》《阿 Q 正传》等。鲁迅在深沉地思考，我们这个民族在文化上的问题究竟出在哪里。他写

《狂人日记》《阿Q正传》，对中国的国民性进行了深刻解剖，他的思想已经发生了变化。实际上那个时代的社会精英都在思考我们的民族出路，比如陈独秀1915年办《青年杂志》。虽然中国在1911年实现了共和，辛亥革命推翻了清王朝，但是中华民族深层次的文化问题没有得到解决。人们仍然不知道我们的出路在哪里，中华民族的道路在哪里、方向在哪里，今后怎么走。因为虽然实现了共和，我们也学资本主义，但后来发现，西方那一套根本行不通。辛亥革命就是实行的三权分立，后来发现三权分立也不行。所以，陈独秀当时要办《青年杂志》，后来改名《新青年》。《新青年》就是把西方最前沿的思想、最时髦的思想一一介绍到中国来。

但刚开始，大家并没有找到，包括陈独秀本人，最初他也不是个马克思主义者。从他最初的文章来看，甚至对马克思主义还有所拒绝。但随着俄国十月革命一声炮响，给我们送来了马克思列宁主义。这个时候，中国人才真正开始知道了马克思主义和社会主义。

中国共产党与中国的文化自信

五四新文化运动，应该说是帮助中国人找到了道路，找到了方向。1921年，中国共产党成立，中国才找到了中华民族的道路应该怎么走、方向在哪里。所以从这个意义上讲，应该说中国共产党拯救了中国文化。新中国建立以后，实际上是我们延展、拓展了中国文化，也创造了中国文化。

为什么这样说？大家知道，中国共产党在革命时期的经历使得中华民族的很多精神在文化上得到了深刻的表现。为什么会有五千年文明？

为什么别的文明会倒、中华文明不倒？这恰恰说明了中华文明有一个很特殊的特点，就是它的顽强性。没有顽强性，中华文化不会发展到五千年；而顽强这个特点，在中国共产党领导的革命中得到了充分的体现，发挥了很大的作用。比如说，长征是意志的锻炼，长征精神对中华民族来说是非常宝贵的精神，在其他民族身上，我看不到有这样顽强的精神。所以，斯诺看到中国的长征以后，曾经说过一句话：汉尼拔，古希腊罗马一个著名的将领，他曾经征服过罗马，但和长征比起来不过是个假日的远足。世界上没有这样顽强的精神，只有中国共产党领导的中国军队创造了人类举世无双的顽强精神，这就是长征精神。

如果中国共产党没有建立新中国，推翻三座大山，中华文化会不会像别的文明那样断线？从历史上来看，新中国的成立，实际上为中国文化的发展创造了非常好的条件，挽救了中华文化，同时也创造了中华文化，延伸了中国文化。我们国家在社会主义建设时期，雷锋精神、焦裕禄精神都是深入人心的。而且中国共产党创造了一种红色文化，这种红色文化的理念，实际上挖掘了中国文化中的优秀内涵。

改革开放以后，我们更加重视文化建设，拓展中国文化。比如改革开放精神，这是中国文化的一个非常重要的组成部分。现在为什么很多国家研究改革开放文化、改革开放精神，实际上从亚洲四小龙腾飞开始有一个逻辑：一个国家、地区如果成功了、强大了，别人一定来研究你、关注你，最后一定会关注文化。

建设社会主义文化强国

2019 年 5 月 15 日在亚洲文明对话大会上，习近平主席专门讲亚洲文明。那怎么理解文明？习近平主席在会上做了一个很好的介绍，他代表中国共产党和中国政府对世界文明表达了中国的观念，就是我们怎么来看文明的发展，怎么来看文明的思想。习近平主席在会上指出：“文明因多样而交流，因交流而互鉴，因互鉴而发展。”

当然我们要看到一点，任何一个国家走上繁荣富强之路以后，一定要在文化上有所体现。习近平总书记 2016 年 5 月 17 日在哲学社会科学工作座谈会上的讲话表达了这么一个思想，就是我们改革开放 40 年来，我们有很丰富的实践经验，但是，我们的理论成果还有待提升，说起来实际上是我们怎么样从大文化的角度去概括中国人的新创造、新理念。因为从世界其他国家的发展来说，发展到一定程度，一定会创造出一批文明成果或者理论成果。中国文化诞生于中华文明，是在自身基础上创造出来的文化。

中国有五千年的文明。中国过去虽然涌现过很多文化大家，比如说孔子、孟子，他们可以和古希腊文明的亚里士多德、柏拉图相提并论，都是世界性的文化人物，但今天我们仍需要不断创造。因为从德国、法国、英国这些大国、强国发展历史来看，它们一旦经济实力发展到一定程度以后，总会涌现一批大家。习近平总书记曾经在 2016 年 5 月 17 日的哲学社会科学工作座谈会上谈到了法国、英国、德国，它们的欧洲文化诞生了很多思想家、文化大家，实际上跟这些国家发展是相称的。中国文化发展到今天，文化自信要继续从改革开放 40 年、新中国成立 70 年丰富的实践中创造、提炼出一些新概念、新坐标，成为新的精神标识和理论概括。习近平总书记已经给我们提出了这样的任务。我想，以中华民族的智慧和创新精神是完全做得到的。

第 5 讲

中国共产党治国理政的宝贵经验

李忠杰

中央马克思主义理论研究和建设工程咨询委员会成员，原中央党史研究室副主任。

观点导读

- 回顾新中国走过的70年路程，能不能坚持实事求是，至关紧要。什么时候坚持实事求是、尊重事实、尊重国情，从实际出发，制定我们的路线方针政策，什么时候我们的工作就会比较顺利；什么时候违反了实事求是的思想原则，什么时候就可能出现一些问题或者困难。
- 改革开放为什么会取得巨大的成果？有两个关键词：一个是邓小平同志说的“搞活”。搞活，解除旧体制的束缚，让人民群众自己去创造美好的生活。还有一个叫“松绑”。松什么绑？松旧体制之绑。一松绑，放开了，搞活了，老百姓的积极性、企业的积极性都出来了。所以，国家发展充满了活力。
- 党的十九大提出新时代坚持和发展中国特色社会主义的基本方略，其中第一条就是，坚持党对一切工作的领导，党政军民学，东西南北中，党是领导一切的。中国现在有14亿人口，如果这14亿人没有任何方式把他们凝聚起来，那就会成为一盘散沙。但是，如果团结起来、凝聚起来，就会发挥改天换地的作用。

扫一扫，观看国史讲堂本讲精彩视频

中华人民共和国已经走过了 70 年的路程，这 70 年，取得了非常丰硕的成果，同时，也积累了非常宝贵的经验。根据我的研究，我把中国共产党治国理政的经验总体上概括为 10 条，下面我和大家来分享。

坚持科学的思想路线，实事求是，一切从实际出发，正确处理理论与实践的关系

这是一条认识路线问题。回顾新中国走过的 70 年路程，能不能坚持这样的思想路线，能不能坚持实事求是，至关紧要。可以说，什么时候坚持实事求是、尊重事实、尊重国情，从实际出发，制定我们的路线方针政策，什么时候我们的工作就会比较顺利。什么时候违反了实事求是的思想原则，什么时候就可能出现一些问题或者困难。

实事求是包括怎样处理外国模式与中国国情的关系，怎样正确处理理想与现实的关系，怎样正确处理继承和发展的关系，这些都是需要很好解决的。譬如说，新中国成立之初，我们总体上学习借鉴了苏联经验和模式，有些是非常宝贵的。某种意义上说，当时也是从自己的实际出发，使我们的制度有了一定的中国特色。譬如说，1931 年的时候，中国共产党在江西瑞金成立中华苏维埃共和国临时中央政府，中华苏维埃共和国实行工农兵代表大会制度。一看这个名字，大家就

不难理解，照搬了苏联。到1937年5月，毛泽东同志在中国共产党全国代表会议上就宣布“共产党领导的陕甘宁革命根据地的政府改名为中华民国特区政府”。9月，中共中央正式宣布“苏维埃改名为特区政府”，也就是取消了中华苏维埃共和国的称号。从1949年开始，我们形成了中国共产党领导的多党合作和政治协商制度，到1954年，确立了人民代表大会制度，这样的制度具有中国特点。

当然，在发展过程当中我们也一度犯过脱离实际、不实事求是的问题或者错误。比如说“大跃进”时期，想中国更大的发展这是好的，但是有没有脱离中国的现实呢？有没有尊重中国的现实呢？这里面就有一些问题。所以，脱离实际，违背实事求是，会带来严重后果。历史地看，我们党更多的时间是坚持实事求是，从中国实际出发，特别是改革开放之后。比如说现代化，原来是想到20世纪末就实现现代化，但再看一看当时的实际情况，由于“文化大革命”耽误了时间，所以邓小平同志说，本世纪末[①]，目标是建成小康之家，这就符合实际了。党的十九大又进一步提出“两步走”的发展战略，这也符合新时代的实际。

坚持正确的路线方针政策和治国方略，坚定不移走中国特色社会主义道路，建设和发展中国特色社会主义

回想70年的路程，可以发现，走什么样的道路，制定和坚持什么样的路线方针政策，坚持什么样的治国方略，对于中国的发展至关紧

① 指20世纪末。

要。全国人民充满了奋斗精神，也满怀着美好的愿景和希望。问题是怎么实现呢？如果路线错了，那就很难顺利达到我们的目标。路线正确了，治国方略正确了，就能比较顺利地完成我们的任务，满足人民群众的愿望和要求。

改革开放过程中，我们党总结历史经验教训，确定了走中国特色社会主义道路，建设和发展中国特色社会主义，这是一个关键抉择。为什么会确立这样的道路和方向呢？这也是实践当中获得的科学认识。长期以来，我们一直坚定不移地坚持社会主义，但回过头来总结经验教训，我们对社会主义的理解是不是完全准确呢？是不是完全科学呢？党中央指出了里面存在的问题。邓小平同志当年也曾经说过一个例子。他说："我在广东听说，农民家里养三只鸭子就是社会主义，养五只鸭子就是资本主义，怪得很！"怪不怪？当然怪了。如果让今天的年轻人来听这个例子，好像觉得很悬乎，社会主义、资本主义如此重大的问题，怎么可以用两只鸭子来加以区分呢？是不是邓小平同志举个例子、开个玩笑、幽默一下呢？不是的。我在农村待过 10 年，那个时候规定，农民必须以主要精力来从事集体生产，有富余的时间和精力可以搞一点家庭副业，但是绝不能多，多了就是资本主义。怎么解决多与少的问题呢？全国几乎所有地方都规定了数量界限，养几只鸭子、几只鸡、几只鹅、几只羊。不超过这个数量，说你是社会主义；如果超过了，就是资本主义。所以就有了养三只鸭子就是社会主义、养五只鸭子就是资本主义这样的现象。

总结这样的经验教训，对社会主义一定要科学认识，关键要从实际出发，要从中国国情出发。因此，我们在改革开放过程当中，就确立了要建设有中国特色的社会主义，后来进一步明确，就叫作中国特色社会主义。

中国特色社会主义对我们中国的发展至关紧要。怎么紧要？举个例子。从党的十三大开始，一直到党的十九大，连续七次党代会，不要说党代会的内容，就说党代会报告的标题当中，每次都有一个关键词，这就是中国特色社会主义。改革开放最大的成果，或者说最根本的原因，就是我们走出了一条中国特色社会主义的道路，形成了中国特色社会主义理论体系，进一步健全完善了中国特色社会主义制度，并发展繁荣了中国特色社会主义文化。

坚持以人民为中心，尊重和维护人民主体地位，创造良好的政治和政策环境，最大程度发挥人民群众的创造性

中华人民共和国是我们从1949年开始确定的国名、国号，这个名称里面的两个字“人民”，清楚地表明了我们国家的人民性质。所以，1949年9月，中国人民政治协商会议第一届全体会议通过的起代行宪法作用的《共同纲领》就明确规定：“中华人民共和国的国家政权属于人民，人民行使国家政权的机关为各级人民代表大会和各级人民政府。”《共同纲领》全文6200多个字，里面就有176个“人民”，足见其人民的色彩。1954年制定了新中国的第一部宪法，当时组织全国1.5亿多人参加讨论，提出了118万多条修改、补充意见和问题。我们现行的宪法，也就是2018年修订后的《中华人民共和国宪法》，“人民”这个词出现了360多次，而且有4处用了“为人民服务”，这就是我们国家的人民性质。因此，我们党也多次强调，提出不同的要求，为人民服务，立党为公，代表最广大人民群众的根本利益，还有以人为本，等等，都体现了人民的主体地位。从中国的发展来看，什么时候充分地发挥了人

民的主体地位，社会就能够不断进步。

举例来说，浙江经济在中国的发展就很有典型意义。它的特点不是国家给了多少投资，设立了多少个项目，关键就是改革开放一开始，放宽政策，让人民群众自己去创业、自己去从事各种各样的经济活动，从事各种各样的经营，老百姓的积极性发挥出来了，民营经济发展了，经济也就搞活了。习近平总书记概括中国的民营经济具有“五六七八九”的特征，就是贡献了 50% 以上的税收，60% 以上的国内生产总值，70% 以上的技术创新成果，80% 以上的城镇劳动就业，90% 以上的企业数量。

总结这样的经验，我们回过头来看，改革开放为什么会取得巨大的成果？有两个关键词：一个是邓小平同志说的“搞活”。搞活，解除旧体制的束缚，让人民群众自己去创造美好的生活。还有一个叫“松绑”，就是 1984 年，福建一批企业家给当时的省委书记项南写信，题目就是“请给我们松绑”。松什么绑？松旧体制之绑。原来的体制对企业也好，对个人也好，捆得太紧了，大家的积极性发挥不出来，所以，要松绑。一松绑，放开了，搞活了，老百姓的积极性、企业的积极性都出来了。所以，国家发展充满了活力。松绑也不是绝对的，在这个过程中，政府也要加强管理、加强引导，严格按照法律来办事，而且要有正确的道德导向。“活”和“管”结合起来，这就是我们一条重要的经验。

坚持把解放和发展生产力作为根本任务，以经济建设为中心，大力发展社会主义市场经济，推动社会全面发展和进步

年纪大的同志都知道，我们过去，甚至到 20 世纪 80 年代、90 年代

初，还都使用各种各样的票证。什么票证？习近平总书记在庆祝改革开放40周年的讲话当中就列举过，粮票、布票、肉票、鱼票、油票、豆腐票等。如果再列出来，多了，我们自己经历过的，粮票里面还分米票、面票，还有其他的，油票、收音机票、自行车票，往小了说，过去我们还用过花生米票、柿子饼票，这些东西平时买不着，都是逢年过节发一张票，可以去买一点。一些大件还需要工业券。为什么会用这些票呢？因为当时的生产力发展不够。曾经有那么一段时间，以阶级斗争为纲，而不是以经济建设为中心，在一定程度上忽视了解放和发展生产力，所以，就造成了一系列问题。但是通过改革开放，我们坚持以经济建设为中心，集中力量解放和发展生产力，所以，40多年的成就，我们看得很清楚，按照习近平总书记说的，忍饥挨饿、缺吃少穿、生活困顿，这些几千年来困扰我国人民的问题总体上一去不复返了。

这就涉及我们的治国方略，到底是以阶级斗争为纲，还是以经济建设为中心。1978年，党的十一届三中全会作出了一个最大的拨乱反正，就是总结历史的经验，把工作重心转移到社会主义现代化建设上来，集中力量抓经济建设。当时邓小平同志称之为我国历史上的一个伟大的转折。从党的十一届三中全会开始的一系列新的方针政策，中心点就是从以阶级斗争为纲转移到以发展生产力为中心，从封闭转移到开放，从固守陈规转移到各方面的改革。

如果进一步往深里挖掘，我们就会知道，所有的这样一些中心也好、重点也好，都取决于我们对社会主要矛盾的认识。新民主主义革命时期，中国社会的矛盾主要是两个，就是中华民族与帝国主义的矛盾、人民大众与封建主义的矛盾。要解决这样两个矛盾，我们革命的主要任务是什么呢？反帝反封建。1949年之后，社会主要矛盾发生变化，特别是通过社会主义改造之后，国内的主要矛盾是什么呢？党的八大提出，国内的主要矛盾已经是人民对于建立先进的工业国的要求同落后的农业国的现实之间的矛盾，已经是人民对于经济文化迅速发展的需要同当前经济文化不能满足人民需要的状况之间的矛盾。在我国社会主义制度已经建立的情况下，这一矛盾的实质，就是先进的社会主义制度同落后的社会生产力之间的矛盾。

这个表述某些地方还不完全理想，但是总体上来说精神是对的，就是要尽快把我们的工作重点转到经济建设、现代化建设上来。但是很可惜，八大之后没多长时间，我们又改变了这个主要矛盾，认为我们的主要矛盾还是无产阶级与资产阶级的矛盾、社会主义与资本主义的矛盾。既然是这个矛盾，我们的主要工作就不是抓经济建设了，就变成抓阶级斗争了。所以，这里面的教训我们都知道。改革开放之后，我们的历史决议明确，在社会主义改造基本完成以后，我国所要解决的主要矛盾，是人民日益增长的物质文化需要同落后的社会生产之间的矛盾。因此，我们几十年来坚持以经济建设为中心不动摇，取得了巨大的成果。到了党的十八大，时代发展进步了，我们的生产力已经发展到相当的水平了，这个时候的主要矛盾在质上没变化，但是从量上来说，我们现在不仅仅是简单的物质文化需要，而是美好生活的需要；我们的社会生产也不能单纯说它落后了，而是不平衡不充分的发展。所以，我们现在需要高质量的发展。

正是坚持这样的宝贵经验，我们的改革开放取得了巨大的成果。现在中国已经是世界第二大经济体、世界第一大贸易国、第一大外汇储备国、第一大钢铁生产国、第一大农业国、第一大粮食总产量国、第二大吸引外资国，是世界上经济增长最快的国家之一。

坚持改革开放的历史抉择，把改革开放作为发展中国的关键一招和活力之源，不断全面深化改革开放

中国走过了几十年的历程，其中具有关键性节点的事件：1949 年中华人民共和国成立，1956 年社会主义基本制度建立，1978 年改革开放实行。其中改革开放是总结历史的经验，也包括教训而作出的关键抉择。2018 年，习近平总书记在庆祝改革开放 40 周年大会上分析了当时的转折，指出“文化大革命”十年内乱导致我国经济濒临崩溃的边缘，人民温饱都成问题，国家建设百业待兴，党内外强烈要求纠正“文化大革命”的错误，使党和国家从危难中重新奋起。邓小平同志指出：“如果现在再不实行改革，我们的现代化事业和社会主义事业就会被葬送。”

党的十一届三中全会以来，我们全面推进各方面的改革，经济体制改革、政治体制改革、其他有关方面的体制的改革。改革激发了社会的活力，完善了我们的制度，使中国的面貌、中国共产党的面貌、中国社会主义的面貌都发生了巨大的变化，中华民族的面貌也发生了巨大的变化。每个人都可以想一想，特别是年纪偏大一点的同志，都可以比较一下，40 年来，就我们个人而言，我们的生活、我们的工作发生了多大的变化。最简单的，我们的衣食住行发生了多大的变化。衣，当年改革开放之前，穿衣服、买布匹是需要布票的，当时石油化工还没很好发展，如果能有一些的确良的衣服那是很新奇的。吃，定量供应，每个月十几斤、二十几斤，最多三十斤粮食。没有粮票，吃不着饭。住，当年住房普遍困难，很多人从大学毕业以后住的什么？就是到了 20 世纪 80 年代，还住筒子楼。至于行，现在自己家里拥有

小轿车的有多少？这在 30 年前、40 年前，可能吗？想都不敢想。所以，中国社会发生了巨大的变化。无论从国家、从社会、从个人来说，都证明了改革开放是党和人民大踏步赶上时代的重要法宝，是坚持和发展中国特色社会主义的必由之路，是决定当代中国命运的关键一招，当然，也是我们现在以及今后实现中华民族伟大复兴的关键一招。

坚持依法治国的基本方略，尊崇和发展社会主义民主和法治，不断建设和完善国家法治体系

新中国成立后，一开始我们还是非常重视法律的，1949 年制定的《共同纲领》当时就起到代行宪法的作用。很快，我们制定了新中国的第一部基本法律——《婚姻法》。《婚姻法》针对的就是千百年来，包括当时还存在的很多封建丑陋的现象，如男女不平等的现象。《婚姻法》开宗明义规定了如下基本原则：废除包办强迫婚姻，废除男尊女卑、漠视子女利益的封建主义婚姻制度，实行男女婚姻自由、一夫一妻、男女权利平等、保护妇女和子女合法利益。当时，很多人连一夫一妻都没做到，而且包办婚姻，缺乏自由，所以要废除。此外，还有禁止重婚、纳妾，禁止童养媳。包括寡妇当时也没有婚姻自由，不能随便改嫁的。所以，要禁止这类不当行为，也禁止任何人借婚姻关系问题索取财物。《婚姻法》公布之后，受到了广大妇女的欢迎，使中国社会的面貌发生了重大的变化。

当然后来由于对法治问题的认识，中国法治建设也遇到了一些曲折，特别是人治与法治的关系。曾经有一段时间，有些人认为，人治方便，法治麻烦，所以要人治不要法治。但事实告诉我们，一

个国家必须有法治。所以，改革开放之后，我们把法治写进了宪法，然后进一步提出，我们实行依法治国这样的基本方略，要建设社会主义法治国家。我们加强法治建设，特别强调为了保障人民民主，必须加强社会主义法治，使民主制度化、法律化，使这种制度和法律具有稳定性、连续性和极大的权威，使之“不因领导人的改变而改变，不因领导人的看法和注意力的改变而改变，做到有法可依，有法必依，执法必严，违法必究”。

2014年10月召开的党的十八届四中全会，专题研究部署全面推进依法治国。回顾历史，我们党开过很多次中央全会，但是，把法治建设作为专门议题的这是第一次，可见它的分量。这次全会也标志着中国的法治建设进入一个新阶段。

坚持最广泛的爱国统一战线，维护中华民族的大团结，寻求最大公约数，画出最大同心圆

推进中国特色社会主义，建设中华人民共和国，要依靠人民群众，而且是最大多数的人民群众，所以，治国理政就要着眼于把最大多数人的积极性调动起来，在各个方面都坚持最广泛的爱国统一战线。

解决民族问题确定了民族区域自治的制度，这个制度不断地维护中华民族的大团结，实行民族平等、民族团结，帮助和推动各个民族地区不断地、迅速地发展。对于社会各个方面的力量，我们寻求最大公约数，画出最大同心圆。通过建立和完善多党合作和政治协商制度，通过人民政协这样一个重要平台，调动各方面的积极性，开展政治协商。这样的方式，有助于调动最广大人民群众的积极性。所以，实践

告诉我们，任何时候都要着眼于团结人、凝聚人心，都要通过各种各样的方式，促进社会关系的和谐，通过我们的政策，把人民群众的积极性最大、最充分地发挥出来。

坚持走和平发展道路，实行正确的国际战略，为中国发展争取良好的国际环境，推动构建人类命运共同体

中国的发展要靠自己。但是，这里有一个环境问题。中国的发展和建设，必须在良好的国际环境中才能发展得更好、更快。中国要处理好与其他国家的关系，所以，实行什么样的对外政策，对中国的发展就至关重要。新中国成立之后，我们不断制定或者调整对外政策，取得了很大的成绩，当然，也遇到过很多复杂的挑战，但是总体上，中国外交的成就是可圈可点的。比如说，恢复在联合国的合法席位。1945 年，联合国成立的时候，中国是发起国之一，当时中国共产党的代表董必武还参加了中国政府的代表团，前往美国旧金山，共同起草了《联合国宪章》，并在《联合国宪章》上签字。习近平主席在联合国曾经讲过，中国代表是第一个在《联合国宪章》上签字的。1949 年之后，由于种种原因，台湾地区还占据着联合国的席位，为了恢复中华人民共和国的合法席位，我们进行了不懈的努力，终于取得了成功。中美关系也是经过了一番曲折之后，实现了关系正常化。改革开放后，邓小平同志明确提出，世界的主题发生转换，世界的主题是什么呢？就是和平与发展。过去曾经认为，世界的主题是战争与革命。但是，随着世界局势的变化，我们确定已经是和平与发展，所以我们要抓住这个机遇，抓住这个时代主题的转换，抓紧建设好自己。我们制定了

正确的国际战略，正确处理好与不同国家的关系。包括当年苏联、东欧剧变之后，我们的国际环境曾经一度非常严峻。但是，我们坚持正确的国际战略，化险为夷，不仅继续把改革开放推向前进，而且还进一步改善了与世界其他很多国家的关系，为中国的发展创造了更好的条件。

在新形势下，习近平主席进一步提出构建人类命运共同体。2013年3月，习近平主席在莫斯科国际关系学院首次提出命运共同体的理念。2015年9月，习近平主席在联合国发表《携手构建合作共赢新伙伴，同心打造人类命运共同体》的演讲，向国际社会全面阐述了人类命运共同体的内涵，呼吁国际社会继承和弘扬《联合国宪章》宗旨和原则，构建以合作共赢为核心的新型国际关系，打造人类命运共同体。

此后，党和国家领导人在国际国内重要场合先后100多次谈及人类命运共同体，这样的理念很快就获得了国际社会的广泛认同。这样的概念把世界上不同国家、不同集团之间的关系从本质上说清楚了：每一个国家、每一个地区都有它自己特殊的利益，这是毋庸置疑的，但是，人类社会日益全球化，世界上很多国家和地区的人类命运在某种程度上有了更加密切的关系。所以，每个国家既要考虑自己的发展，也要兼顾国际社会和其他国家的利益，处理好相互之间的关系，寻求共同发展。比如说气候问题，不是哪一个国家就能保证气候好转的；污染问题，也是具有国际性的问题；还有现在很多跨国犯罪问题也需要大家合作来共同应对。所以，人类社会共同利益的概念，得到了国际社会广泛的认同。2017年2月，联合国社会发展委员会第55届会议呼吁，国际社会应本着合作共赢和构建人类命运共同体的精神，也就是说，把人类命运共同体写进了联合国有关组织的正式决议。后来在联合国人权理事会第 34 次会议上通过的两个决议也明确表示，要构建人类命运共同体。所以，我国的外交战略就是要朝着推动构建人类命运共同体的方向发展。按照这样的理念，正确处理好国际关系，就能为我们赢得更好的发展条件。

坚持中国共产党的领导，始终保持党的先进性，不断改善党的领导方式，提高党的执政能力和领导水平

中国共产党的领导，这是宪法和党章都规定的。党的十九大提出，新时代坚持和发展中国特色社会主义的基本方略，第一条就是：坚持党对一切工作的领导。党政军民学，东西南北中，党是领导一切的。中国现在有 14 亿人口，如果这 14 亿人没有任何方式把他们凝聚起来，那就会成为一盘散沙；但是，如果团结起来、凝聚起来，就会发挥改天换地的作用。

谁来凝聚？就是中国共产党。中国共产党有党员多少？ 9000 多万名党员[①]。平均每 15 个中国人就有一个党员。想一想，如果我们党的路线方针政策正确，而且党员又都能发挥先锋模范作用，能够产生多大的作用！什么困难我们不能克服？都能克服。但是如果党万一犯了错误，失去了先进性，而且党员队伍也出现了严重问题，腐败现象越来越严重，那会带来多大的后果！所以，在中国，把我们党建设好，充分发挥党的领导作用，对中国的发展至关重要。

当年，黄炎培先生讲过一个历史周期率的问题。历史周期率是对

① 根据中央组织部最新党内统计数据，截至 2021 年 6 月 5 日，中国共产党党员总数为 9514.8 万名。

我们中国共产党的严峻挑战，也是对中华人民共和国的严峻挑战。所以我们必须找到正确的道路，就像毛泽东同志当年回答的一样，来加强党的自身建设，来始终保持自己的先进性，来通过民主、法治这样的道路，领导和管理好国家，同时又接受人民的监督。我们的发展潜力是非常大的。所以，在中国，必须坚持中国共产党的领导，如果没有了中国共产党的领导，整个中国很可能就会出现一片乱象，就会出现大麻烦，因此必须坚持党的领导。

坚持党的领导，是与改善党的领导相统一的。党要领导，就要加强自身的建设，使我们自己始终保持先进性、纯洁性，走在世界潮流的前列。因此，我们党在民主革命时期提出过党的建设伟大工程，改革开放之后又进一步提出了党的建设新的伟大工程。党的十八大又进一步提出全面从严治党，尤其是持续强力开展反腐败斗争。“腐败”这个词在改革开放之前我们还真没有用过，因为腐败这个词，分量是很重的。但是改革开放的时候，面对出现的不正之风，乃至腐败现象，1983年10月12日，邓小平同志在党的十二届二中全会的讲话中第一次使用了“腐败”这样的概念。从那之后，我们不断开展反腐败斗争，尤其是根据不同时期的特点，采取不同的一些做法，不断地加大反腐败斗争的力度，特别是党的十八大以后，反腐败斗争的力度和强度，大家都能感受到。从党的十八大之后的五年，根据中央纪委公布的数据，一共立案审查省军级以上党员干部及其他中管干部440人，其中中央委员、候补中央委员有43人，中纪委委员有9人，纪律处分厅局级干部8900余人，处分县处级干部6.3万多人。而且，我们党还坚决整治群众身边的腐败，一共处分基层党员干部27.8万人。反腐败斗争的巨大成绩，人民群众是高度肯定的。党的十九大以来，反腐败斗争继续深入推进。2018 年 12 月 18 日，在庆祝改革开放 40 周年大会上，习近平总书记宣布，反腐败斗争取得压倒性胜利。

坚持赶上和引领时代，不断发展和建设新型的中华文明，提高国家、社会和公民的文明水准

从鸦片战争往前回溯，明清时代，中国一直在世界上处于领先地位。但是到了清中晚期之后，中国越来越落后于世界潮流了。没有赶上时代，使当时中国的封建专制制度越来越趋于落后，越来越趋于腐朽，在外国的坚船利炮之下不堪一击。这是非常沉痛的教训。回顾历史，我们需要正确处理好中国与外部世界的关系，打开国门，加强联系，吸收世界先进文明的成果，用于我们自己的发展。

早在 1956 年时，我们党就提出“向科学技术进军”的口号。当时国家制定了《1956—1967 年科学技术发展远景规划》，其中方针是八个字：“重点发展、迎头赶上”。赶上什么？就是赶上当时世界科技发展的水平。为了赶上，提出了 13 个方面、57 项国家重要的科学技术任务，并确定了 12 个带有关键意义的重点项目和课题。后来，国家又紧跟着制定了《1963—1972 年十年科学技术规划》，总方针是“自力更生、迎头赶上”。为什么突出自力更生呢？因为当时中苏之间的矛盾发生了，我们必须也只能自力更生。面对世界科技发展，我们要迎头赶上，像“两弹一星”这些成果我们大家很熟悉，这些成果其实就是当年制定的发展规划里面列进去的。所以，按照这样的方针和规划，我们才取得了突破。

改革开放以后进一步要求赶上时代。邓小平同志说，中国的改革从某种意义上来说，就是要赶上时代。为什么要赶上呢？一度对外封

闭，使我们落后了，所以，不能再落后了，必须赶上。我们要从经济、文化和其他各方面，全面努力。世界文明的先进成果，我们该拿过来就拿过来。新中国成立70年，特别是改革开放，不说别的，就是一些常用的词汇，“共和国”这个词哪来的？外国学来的。政党哪来的？外国学来的。民主、法治、人权、体制，哪学来的？外国学来的。五年计划，苏联学来的。市场经济，改革开放之后发展市场经济，哪学来的？从外国学来的。当然，我们的学是有讲究的，有原则的。比如市场经济，西方国家搞市场经济，但是他们都认为市场经济是资本主义的专利；我们学市场经济，同时坚持社会主义，所以，我们所要建设的是社会主义市场经济，学了，我们又创新了，又发展了。GDP，哪学来的？外国学来的。但是，我们又要求科学对待GDP。这些年来我们强调可持续发展、环境保护、生态文明建设、国家软实力、互联网，这些概念也都是从国外引进来的。引进来，不是全搬照搬，而要有选择、有原则。先进的文明，学习；落后的糟粕，排除。总的来说，中国的发展不能脱离人类文明的大道，归根到底，我们要赶上世界文明发展的潮流，不仅赶上，而且在一些方面、一定时候，还要真正起引领作用。因此，必须全面提高我国的文明水准，提高整个社会的文明水准，提高每一个人的文明水准。所以，改革的一个重要目的就是要赶上时代。

中国特色社会主义建设的“五位一体”的布局是什么？经济建设、政治建设、文化建设、社会建设、生态文明建设。这些建设的后面还有一个词，即物质文明、精神文明、政治文明、社会文明、生态文明“五大文明”。所以，所有这些建设，归根到底就是要发展我们自己的新型中华文明，不断提高中华文明的水准，为整个人类文明的发展作出我们应有的贡献。

第 *6* 讲

新中国经济建设的伟大成就

武　力

中国社会科学院当代中国研究所原副所长、研究员。

观点导读

- 回顾新中国70年的历史，可以分为三个历史时期：第一个时期是指1949年10月1日新中国成立到党的十一届三中全会，是**社会主义革命和建设时期**；第二个时期是指1978年党的十一届三中全会到2012年党的十八大，是**改革开放和社会主义现代化建设新时期**；第三个时期是指党的十八大以来，是**中国特色社会主义新时代**。
- 到1978年，中国基本上解决了当时两个最急迫的问题：第一是国家的安全，我们建立了独立的、相对完整的**国防工业**；第二，就是我们在当时低收入的条件下，筹措了大量资金建立了一个独立完整的**工业体系**，这种情况在其他发展中国家不靠外援是几乎不可能的。
- 经过70年的发展，特别是改革开放以来40多年的发展，中国**经济结构**、**经济发展水平**都发生了非常大的**变化**，中国基本上已经完成了由传统的**农业国向工业国**的**转型**。

扫一扫，观看国史讲堂本讲精彩视频

回顾新中国 70 年的历史，可以分为三个历史时期。第一个时期是指 1949 年 10 月 1 日新中国成立到党的十一届三中全会，是社会主义革命和建设时期；第二个时期是指 1978 年党的十一届三中全会到 2012 年党的十八大，是改革开放和社会主义现代化建设新时期；第三个时期是指党的十八大以来，是中国特色社会主义新时代。

从三个历史时期来看，它们是一脉相承、接续发展的。

社会主义革命和建设时期

从第一个历史时期来看，新中国是在一穷二白的基础上，在实行优先发展重工业的社会主义工业化道路战略指导之下，通过社会主义改造建立计划经济，用了将近 30 年的时间，基本上建立起比较独立完整的工业体系和国防工业体系，保证了国家的安全。

怎样看待这个历史时期？社会上还是有些不同的看法。很多人会有疑问，因为今天我们搞社会主义市场经济，搞多种经济成分共同发展，是不是在 20 世纪 50 年代，我们搞计划经济、实行社会主义改造做错了？有些人说，既有今日，何必当初？这种看法应该说没有从历史条件出发，去看当时为什么实行这样一种改造和实行这样一种工业化的道路。脱离当时的历史条件，这个问题是很难讲清楚的。我们怎样看待 20 世纪 50 年代选择社会主义工业化道路，以及与之相匹配的计划经济体制？我认为应该从当时的历史条件来看。

新中国成立之初，中国还是一个经济落后的农业国，以传统农业为主。当时中国人口有将近87%在农村，工业的就业人口比重不到10%，也就是8%左右。在当时整个国民经济的总产值中，绝大部分是农业。而那个时候的农业还不是今天的现代农业，没有机械化、电气化，没有化肥、农药、种子改良等，当时中国的农业还是传统农业，还是以人力与畜力为主，基本上是靠天吃饭。在新中国成立之前，经过了一百多年的战乱，农业处于一种凋敝的状态。从产业结构来看，这个时候中国还是一个经济落后的农业大国。新中国成立前，在一百多年的时间里，中国的经济基本上处于停滞状态。著名的经济史学家麦迪森写了一本《世界经济千年史》，据他书中的估算，在1913年到1950年这一段时间里，中国的经济没有增长，经济增长率为-0.02%，也就是说整个经济是处于凋敝的状态，而同时期全球的经济平均增长率是1.85%。

新中国初始的经济发展就是在这样的条件下开始的。新中国成立以后，从经济发展的条件来看，我们仍然遇到了两个非常大的，也是非常紧迫的问题。

第一，新中国成立以后，面临国家安全的问题。1949年10月中华人民共和国成立，1950年6月朝鲜战争爆发。朝鲜战争是在二次世界大战以后爆发的第一次局部热战，就发生在中国的边界、中国邻居的身上，而且在朝鲜战争爆发的同时，美国就派第七舰队侵入台湾海峡，阻碍中国国家统一。由于新中国成立以后帝国主义对我们的封锁、敌视，中国的国家安全面临着非常大的压力。历史的教训也一再说明，如果中国没有工业化、没有强大的国防力量，中国有可能在未来的战争中再次处于被侵略、被蹂躏的境遇。

因此，新中国成立以后，我们很迫切的、第一个重要的任务就是如何保证国家的安全，如何迅速建立强大的国防工业。而建立强大的国防工业，首先就要有重工业的基础。然而，新中国过去的工业产业结构恰恰相反，重工业非常薄弱，主要发展起来的是轻工业，像纺织、火柴、制糖、皮革这些都很发达；机械制造工业、能源工业、原材料工业却非常少。所以，新中国要建立强大的国防工业，就要以重工业为基础。而搞重工业，不能走传统工业化优先农业、轻工业到重工业发展的这条道路。优先发展重工业，就面临着一个很大的问题，就是重工业的资金从哪来。重工业一般来说投资大、周期长，需要大量的资金。而当时从全球来看，能够给发展中国家提供资金的是西方发达国家，他们是资本过剩。而以苏联为首的社会主义国家也是从战争中走来，而且其计划经济的特点也是短缺经济。中国由于自己的经济落后，温饱问题没有解决，基本上来说没有剩余。所以，土地改革完成以后，农业提供的粮食商品率不是提高，反而是下降了。实现耕者有其田后，农民首先要解决自己吃饭的问题，因此农业为国家提供的粮食就非常有限。在这种情况下，用发展经济学总结战后很多发展中国家工业化发展不起来的一个原因，是这些国家的经济落后、没有剩余，就没有剩余的资本资金投入到新兴产业来发展经济，这样也就继续处于一种贫困状态。对于这种现象，称之为“贫困的陷阱”。

在新中国成立初期，如果从中国的人口、中国的产出来看，确实处于这样一种状态。大家知道，1949 年因为国民党反动派的失败，美国曾经发过一个白皮书，说中国不能解决吃饭的问题，一百多年的动乱是人口太多，吃饭问题解决不了，认为共产党也解决不了吃饭问题。新中国成立初期，我们确实处于一个温饱问题没有解决的状态。在这种状态下，怎么能够使我们在几乎没有剩余的条件下在国内筹集到足够的资金来支持工业化，这是第二个非常大的问题。苏联在工业化时期也面临这样的问题。有一位叫普列奥布拉任斯基的学者，曾经提出过一个说法，叫社会主义的原始积累：社会主义国家工业化的资本不能靠对外掠夺、对外获取，要靠自己内部积累。因为工业化没有实现，这种内部积累往往要靠从农业里面提取。所以，在1952年中国完成了国民经济恢复任务转为大规模经济建设以后，就开始提出过渡时期总路线。这时候中国明确提出要走优先发展重工业的社会主义工业化道路，也就是苏联曾经采取的工业化道路。这个道路的提出，与之相匹配的就是社会主义改造和计划经济。社会主义改造和计划经济建立这样的社会主义经济体制，保证了优先发展重工业下的资本集中使用和高积累下的社会稳定。

这样一种经济体制，在当时条件下，保证了国家的安全，也保证了我们独立工业体系的建设。到1978年的时候，中国基本上解决了当时两个最急迫的问题：第一是国家的安全，我们建立了独立的相对完整的国防工业，尤其是尖端武器，像“两弹一星”和核潜艇研制成功了，国家安全问题就解决了；第二，就是我们在当时低收入的条件下（当时1950年人均年收入不到50美元）筹措了大量的资金建立了一个独立完整的工业体系，这种情况在其他发展中国家不靠外援是几乎不可能的。

改革开放和社会主义现代化建设新时期

我们应该可以明确看出来，经过将近30年的发展，中国建立了国家安全和独立工业体系。但是这 30 年，由于我们实行的是高积累政策，人民生活改善方面几乎没有太大的进步。

而且经过 30 年的发展，新中国成立以后出生的这一批年轻人，到这个时候都面临着要成家立业的情况。过去城市工业不能吸纳的将近两千万知识青年要从农村回到城市，他们要在城市解决就业问题，要解决住房、结婚、抚育子女的问题。因此城市就业问题就非常突出了。

在农村也是这样，农村经过 30 年的高积累，不仅农业落后的老问题没有解决，而且由于人口的增加连吃饭都成问题了。据不完全调查，当时的集体经济，有三分之一的社是有盈利的；三分之一的社是属于持平的；还有三分之一的社是亏损的——就是生产靠贷款、生活靠救济、吃粮靠返销这样一种状态。社会主义发展 30 年，还不能解决人民温饱问题，就与初衷产生了一个强烈的反差。

如果连人民的温饱问题都解决不了，中国共产党执政的合法性、合理性，我们社会主义的优越性就无从谈起。在这个时候，邓小平同志提出了“贫穷不是社会主义”这个非常重要的判断，为实事求是和改革开放、为探索什么是社会主义和怎样建设社会主义，突破了思想上、体制上的束缚，这是一方面。

第二个非常重要的方面，我们开眼看世界，看到了世界的变化和发展，这 30 年里世界比中国想象的发展要快得多，世界平均发展水平甚至高于中国经济发展的水平。最突出的例子就是邓小平同志到日本访问，看到了日本的现代化。邓小平同志到日本的汽车厂去参观，问这个企业，你一个工人平均一年能生产多少辆汽车。经理告诉他说，我们平均起来一个工人一年能生产 94 辆。邓小平同志说，比我们长春汽车厂多 93 辆，我知道什么叫现代化了。

迅速改变人民生活贫困的迫切愿望，特别是睁开眼看世界后发现中国与世界发展的差距正在拉大的巨大压力，就成为中国共产党在1978年以后突破传统思想束缚、推动改革开放的最大动力。

此后30多年来，中国国民经济总量从1978年的3645亿元，猛增到2011年的47.2万亿元，增长了128.5倍，年均增长率接近10%。这不仅开创了中国经济发展史上前所未有的“高速”时代，也是世界经济发展史上的一个奇迹。

这样一种变化，从经验上来说我们有这么几条值得很好总结。

第一条，就是我们党坚定不移地按照“一个中心、两个基本点”的基本路线推进中国的经济发展。有一个强大的、有力的、以人民为中心的党的领导，这是我们的第一条经验。

第二条，这段时期的发展，如果从主流经验角度来看，中国恰恰是非常好地利用了政府和市场两只手的作用。首先，国有企业发展规划，党的发展目标、国家规划的制定，各地区规划制定，中央政府和地方政府的两个积极性都被调动起来，使得政府这只“看得见的手”发挥了很大作用，弥补了市场失灵。其次，改革开放以来，我们充分利用市场机制，经济发展能够充分地利用市场这只“看不见的手”调动各种积极因素发挥作用。如果从世界范围来看，中国经济发展得非常快、非常好，恰恰是很好地发挥了这两个作用。很多国家发展得不够好，或者西方发达国家出现了很多的问题，其实就是没有发挥好这两个作用。改革开放以后，我们非常大的成功还有对外开放。我们摸着石头过河，一步一步地推，由试点到地区到特区到全面、全方位开放，这就解决了中国在发展过程中的比较优势发挥的问题。中国人口非常多，但是中国的人均资源又非常稀缺，中国的资本也是稀缺的，所以，充分发挥出中国的人力资源优势，就要对外开放。

此外，我们对外开放充分地利用国际市场和资源，使劳动密集型产业能够走进国际市场，使我们需要的资本和技术能够涌进来，能够充分利用国际市场、国际资源，这是第三条经验。

这三个方面，不论体制机制，都是我们改革开放成功、经济快速发展的重要原因。

中国特色社会主义新时代

经过 70 年的发展，特别是改革开放以来 40 多年的发展，中国经济结构、经济发展水平都发生了非常大的变化。可以说，中国基本上已经完成了由传统的农业国向工业国的转型。

下一步要解决的是工业化完成以后的产业结构如何优化升级的问题。也就是在工业化完成以后，我们要解决继续发展和可持续发展的问题，因为单纯靠现有的发展方式，靠中低端产业的扩张，已经不行了。

下一步的经济发展，我们面临着许多发展中国家发展中间遇到的一个很大的门槛，也是很多新兴国家遇到的门槛。初步的工业化完成以后，当人均年收入跨越了 5000 美元这样一个门槛以后，进入了中等收入国家行列以后，下一步的发展如何进一步推进，就遇到如何跨越产业升级和缩小收入差距这个门槛。人均收入如果达到发达国家的水平，现有这种以劳动密集型、资源消耗型、环境污染型为特征的中低端产业为主的发展，显然是不能够支撑进一步发展的。

应该说世界上很多发展中国家，二战后独立的国家，有些甚至二战前发展水平就很高的国家，始终没有从中等收入国家跨入高收入国家行列，这就说明产业结构升级，是一个全球发展中国家面临的普遍的重大问题。中国现在同样面临这个问题。所以，党的十八大以来，一些经济发展的政策、改革的措施，都是要突破这样一种瓶颈。从全球经济发展，从发达国家发展历程来看，在工业化完成以后，产业结构面临升级的时候，都面临着一个重大的挑战。这个挑战是什么呢？就是原有的产业结构、发展潜力，可能基本上已经释放完了，比如说大量产能过剩就反映出来传统的结构已经不能适应社会发展需要了，就是我们说的必须进行供给侧改革。

如何淘汰落后过剩的产能，实现产业结构升级？按照资本主义发达国家经历的历程来看，有两种方法来解决这个问题。第一，经济危机。通过经济危机来残酷地淘汰一些过剩的产能，逼迫资本家来实现产业结构的升级。第二，战争。第一次世界大战、第二次世界大战都是发达资本主义国家要对外输出过剩产能，占有更广阔的市场和资源而引发的战争。但这两条在今天，任何国家都不愿意、也不可能这样做。中国是社会主义国家，更不可能通过经济危机的方式和对外侵略的方式来消解自己的过剩产能。

所以，中国的产业结构升级，我总结说它实际上是有成本的，不能光看到升级的好处，还要看到它付出的代价。

这种成本总结归纳如下：

1. 产业结构升级，面临资本沉没的风险；
2. 工人需要转业或失业，存在人力资本损失的风险；
3. 国家财政面临收入减少的问题，公共服务压力增大；
4. 产业结构的急剧变化，导致社会不稳定因素增加。

第一条，产业结构的升级，必然产生资本沉没。原有的企业产能过剩了，比如钢铁企业过剩了、玻璃企业过剩了、水泥企业过剩了，就得淘汰，由于设备的专用性很强，这些被淘汰的生产设备就要关停，有些高炉就得炸掉，有些煤矿就得封闭掉，这样就存在资本沉没的问题。原来的投资怎么办？那就没有了。所以从企业家和从企业的角度来说，他们不愿意承担这种损失，所以他们能拖就拖，能往后延就往后延，或者再去增加新的投资来技术改造，大量的资本又要投入，这样产能更加过剩了，最后不得不采取强制手段，市场的强制手段就是经济危机，就面临资本沉没的风险。

第二条，对工人来说也是为此。他要转业、要转型。原来是生产钢铁的炼钢工人，现在这个产能过剩不需要这么多了，要转业，去生产电脑、去生产手机，没有这个技术就需要重新学习、重新就业，这也需要成本。第一个是培训成本，第二个是自己家庭付出的成本。还有一个问题，年轻的可以，但岁数大的工人，干了几十年，转业就很难了，这是工人付出的成本。

第三条，国家财政。国家财政因结构调整和经济下行收入减少，因为旧的产能淘汰了，新的还没有形成，国家在税收上就会出现下降问题，财政提供的很多社会保障、社会福利是刚性的，是“棘轮效应”，提高可以，降低很难，所以这也是一个问题。

第四条，社会稳定。因为这种产业结构的急剧变动也同时导致生活方式和思维方式的变化，必然加剧社会阶层的变动和人群的分化，这都会导致社会的不稳定，导致很多人的忧虑不安。这些都是社会成本。这些成本都需要有一个消化的过程，都需要有一个强有力、有效的政府和市场配合。单纯靠市场去做很难，市场是“失灵”的。这是我们面临的一个很大问题。

另外，中国发展到今天，已经是两个超过10万亿美元的大国之一。中国占世界经济的总量，按世界银行的不变价格计算是13.6万亿美元，按照现价计算，2018年我们有13.8万亿美元，已经占世界经济总量的15.9%[①]，相当高了。中国对世界的影响也越来越大，对世界经济的格局也产生很大的影响。反过来，世界对中国的经济发展更关注，因为中国经济发展的走向、中国经济发展的速度，也可能给它们带来更多的影响和变化。中国要实现产业结构的优化升级，就是由现在我们在世界产业链中的中低端向中高端发展，我们要实行绿色的、可持续的发展。在改革开放初期，在2012年以前，中国的产品之所以能够走遍天下，中国成为第一大货物贸易国，实际上是因为我们提供的主要是中低端的产品，甚至可以说是劳动密集型的产品，竞争对手主要是发展中国家，即同样提供中低端产品的国家，因为中国有人力资源优势和资源低价优势。但是，下一步中国的发展目标，是中高端产业，中国已经由过去的“跟跑者”向“并跑者”和“领跑者”转变，竞争对手可能主要就是发达国家。这就使得我们的国际环境、利用国际资源和国际市场的条件，都发生了很大的变化。这就需要我们改革经济体制机制来发挥改革红利，通过科技创新来提高中国的竞争能力。

新中国70年的成就非常大，基本上完成了工业化，拥有十几亿人口的、经济非常落后的、人均资源非常匮乏的多民族国家，能够实现

---

① 根据《中华人民共和国2020年国民经济和社会发展统计公报》，2020年我国经济总量达101.6万亿元。另据中央财经委员会办公室2021年6月信息，目前我国经济总量占全球经济的比重提高到17%以上。

工业化，从世界历史和全球来看都还没有过。但是中华民族伟大复兴的任务、经济发展的目标，还没有完成，还有很长的路要走。我们要继续搞好改革，继续扩大开放，继续优化产业结构，努力在 2049 年前变成世界上的经济强国。

第 7 讲

新中国政治建设的成就和经验

张星星

中国社会科学院当代中国研究所原副所长、研究员。

观点导读

- 人民民主专政的国体，是近代中国历史发展的必然选择，是适合中国国情、具有中国特色的伟大政治创造。
- 坚定中国特色社会主义制度自信，首先要坚定对中国特色社会主义政治制度的自信，充分发挥人民代表大会这一根本政治制度的作用，通过人民代表大会制度实现坚持党的领导、人民当家作主、依法治国的有机统一。
- 中国实行民族区域自治，对于加强各民族平等、团结、互助的关系，维护国家统一，加快民族自治地方发展，促进少数民族社会进步，起到了重要作用。用民族区域自治来解决中国的民族问题，是符合中国国情和各民族共同利益的正确选择。
- 中国社会主义民主政治具有强大生命力，中国特色社会主义政治发展道路是符合中国国情、保证人民当家作主的正确道路。

扫一扫，观看国史讲堂本讲精彩视频

1949 年 10 月中华人民共和国的成立，实现了中华民族从几千年封建半封建专制政治到人民民主政治的伟大历史跨越。70 年来，在中国共产党的领导下，新中国确立了人民民主专政的国家政权，坚持和完善人民代表大会制度、中国共产党领导的多党合作和政治协商制度、民族区域自治制度、基层群众自治制度，开辟了一条中国特色社会主义政治发展道路，为经济快速发展、人民安居乐业、社会和谐稳定、国家繁荣富强提供了可靠的、有效的政治保证。

那么，新中国 70 年在政治建设方面取得了哪些主要成就和经验呢？

创造性地建立人民民主专政的国体

近代以来，中国人民为改变半殖民地半封建的旧中国的悲惨命运，对建立一个什么样的国家，经历了曲折而复杂的探索过程。1921 年，中国共产党一成立就制定了第一个纲领："由劳动阶级重建国家"。1922 年 7 月，党的二大制定民主革命纲领之后，曾先后提出过建立"劳农专政""真正平民的政权""革命民众政权"等政治主张。

土地革命战争时期，以毛泽东同志为主要代表的中国共产党人，把革命的主要力量转入农村，在农村革命根据地逐步建立起"工农民主专政"的苏维埃政权。1931 年 11 月，在江西瑞金创建了中华苏维埃共和国。工农民主专政的苏维埃政权，实质上是无产阶级领导的民主主义性质的政权，但不可避免地受到当时“左”倾错误的影响。毛泽东同志后来曾批评说：“我们又叫‘苏维埃’，又叫‘代表大会’，‘苏维埃代表大会’就成了‘代表大会代表大会’。这是死搬外国名词。”

中共中央政治局瓦窑堡会议以后，中国共产党为适应建立广泛的抗日民族统一战线的需要，将“工农共和国”先后改为“人民共和国”“民主共和国”等口号。抗日战争时期，毛泽东同志写了《新民主主义论》等著作，系统阐述了“新民主主义的政治”，完整形成了新民主主义国家政权的基本思想。他曾经这样讲：“国体——各革命阶级联合专政。政体——民主集中制。这就是新民主主义的政治……这就是今天‘建国’工作的唯一正确的方向。”1945 年，毛泽东同志在党的七大政治报告《论联合政府》中提出：“将中国建设成为一个独立、自由、民主、统一和富强的新国家”，并对“新国家”的制度架构做了阐述。新民主主义理论的形成为提出人民民主专政理论奠定了重要基础。

1949 年 6 月，毛泽东同志发表了《论人民民主专政》，全面阐述了建立人民民主专政的历史必然性、中国社会各阶级在人民民主专政政权中的地位、民主和专政的关系、人民民主专政的基本任务等问题，完整地阐述了人民民主专政理论。这就是我们党的主要经验，这就是我们党的主要纲领。

1949 年 9 月，新中国成立前夕，《中国人民政治协商会议共同纲领》规定：“中华人民共和国为新民主主义即人民民主主义的国家，实行工人阶级领导的、以工农联盟为基础的、团结各民主阶级和国内各民族的人民民主专政”。1954 年 9 月，第一届全国人民代表大会通过的《中华人民共和国宪法》也明确规定：“中华人民共和国是工人阶级领导的、以工农联盟为基础的人民民主国家。”人民民主专政的新中国的建立，开创了中国历史上人民当家作主的新纪元，实现了中华民族从两千多年封建半封建专制政治向人民民主政治的历史跨越。

在改革开放新时期，邓小平同志提出："必须在思想上政治上坚持四项基本原则"，其中一项重要原则就是必须坚持人民民主专政，而且将其写入《中华人民共和国宪法》，确立为不可动摇的立国之本。

人民民主专政的国体，既不同于其他社会主义国家的无产阶级专政，也不同于资本主义国家的资产阶级专政，既能发扬人民民主、实现人民当家作主，也能运用国家的力量、专政的力量，保障人民的政治地位和权利，是近代中国历史发展的必然选择，是适合中国国情、具有中国特色的伟大政治创造。

坚持和完善人民代表大会制度

人民民主专政的国体，确立了人民在国家政治生活中的主体地位。《中华人民共和国宪法》规定："中华人民共和国的一切权力属于人民。"但是，要实现人民当家作主的地位和权利，必须通过一定的组织形式。通过什么样的形式呢？《中华人民共和国宪法》规定："人民行使国家权力的机关是全国人民代表大会和地方各级人民代表大会。"

早在新民主主义革命时期，毛泽东就在《新民主主义论》《论联合政府》等著作中提出了实行人民代表大会制度的主张，他指出："没有适当形式的政权机关，就不能代表国家。中国现在可以采取全国人民代表大会、省人民代表大会、县人民代表大会、区人民代表大会直到乡人民代表大会的系统，并由各级代表大会选举政府。""由各级人民代表大会决定大政方针"。

新中国成立前夕，毛泽东同志又指出，人民民主专政的国家组织形式就是人民代表大会和它的过渡形式人民代表会议。

新中国成立时，由于人民解放战争仍在进行之中，举行全国普选、召开各级人民代表大会的条件还不成熟，因而采取了过渡的办法，即由中国人民政治协商会议全体会议代行全国人民代表大会的职权。

全国大陆完成统一、国民经济基本恢复、抗美援朝战争胜利结束后，从1953年下半年起，举行了中国历史上第一次全国规模的普选。在此基础上，由下而上逐级召开人民代表大会。1954年9月，第一届全国人民代表大会第一次会议召开，它标志着人民代表大会制度从中央到地方系统地建立起来。

《中华人民共和国宪法》规定："中华人民共和国全国人民代表大会是最高国家权力机关"，"全国人民代表大会和全国人民代表大会常务委员会行使国家立法权。"立法权是全国人民代表大会最重要的职权，立法工作也是全国人大的重要工作内容。改革开放以来，全国人民代表大会和地方各级人民代表大会，按照扩大社会主义民主、健全社会主义法制的要求，加大立法工作力度，确立了依法治国的基本方略和建设社会主义法治国家的目标。到2010年，我国基本形成中国特色社会主义法律体系。截至2018年年底，以宪法为核心的中国特色社会主义法律体系得到进一步完善。

习近平总书记指出："在中国实行人民代表大会制度，是中国人民在人类政治制度史上的伟大创造，是深刻总结近代以后中国政治生活惨痛教训得出的基本结论，是中国社会100多年激越变革、激荡发展的历史结果，是中国人民翻身作主、掌握自己命运的必然选择。""人民代表大会制度是坚持党的领导、人民当家作主、依法治国有机统一的根本制度安排。”

新中国 70 年来的实践充分证明，人民代表大会制度具有鲜明的中国特色、巨大的制度优势和自我完善能力，是符合中国国情和实际、体现社会主义国家性质、保证人民当家作主、保障实现中华民族伟大复兴的好制度。坚定中国特色社会主义制度自信，首先要坚定对中国特色社会主义政治制度的自信，充分发挥人民代表大会这一根本政治制度的作用，通过人民代表大会制度实现坚持党的领导、人民当家作主、依法治国的有机统一。

坚持中国共产党领导的多党合作和政治协商制度

1948 年，中共中央在河北平山发布庆祝五一口号，提出：“各民主党派、各人民团体及社会贤达，迅速召开政治协商会议，讨论并实现召集人民代表大会，成立民主联合政府。”各民主党派积极响应中共中央号召，纷纷赶往解放区，为成功召开新政协、创建新中国作出了重要贡献，为确立中国共产党领导的多党合作和政治协商制度奠定了基础。1954 年，第一届全国人民代表大会召开后，全国政协完成了代行全国人民代表大会职权的任务，正式形成了中国共产党领导的多党合作和政治协商制度。

1956 年，毛泽东同志在《论十大关系》中首次提出了中国共产党与各民主党派“长期共存，互相监督”的方针。毛泽东同志说：“究竟是一个党好，还是几个党好？现在看来，恐怕是几个党好。不但过去如此，而且将来也可以如此，就是长期共存，互相监督。”

在改革开放新时期，在“长期共存，互相监督”基础上又增加了

“肝胆相照，荣辱与共”，完整形成了中国共产党与各民主党派“长期共存、互相监督、肝胆相照、荣辱与共”的方针。中国共产党领导的多党合作和政治协商制度，既不同于西方国家的两党或多党竞争制，也有别于一些国家实行的一党制，中国共产党领导的多党合作和政治协商制度基本特征是“共产党领导、多党派合作，共产党执政、多党派参政”。

党的十八大以来，以习近平同志为核心的党中央把社会主义协商民主摆在更加突出的位置，积极完善协商民主制度和工作机制，推进协商民主广泛多层制度化发展。有事好商量，众人的事情由众人商量，找到全社会意愿和要求的最大公约数，是人民民主的真谛。在人民内部各方面广泛商量的过程，就是发扬民主、集思广益的过程，就是统一思想、凝聚共识的过程，就是科学决策、民主决策的过程，就是实现人民当家作主的过程。

2018年3月4日下午，中共中央总书记、国家主席、中央军委主席习近平看望参加全国政协十三届一次会议的民盟、致公党、无党派人士、侨联界委员，并参加联组会，听取意见和建议。他指出，中国共产党领导的多党合作和政治协商制度作为我国一项基本政治制度，是中国共产党、中国人民和各民主党派、无党派人士的伟大政治创造，是从中国土壤中生长出来的新型政党制度。说它是新型政党制度，新就新在它是马克思主义政党理论同中国实际相结合的产物，能够真实、广泛、持久代表和实现最广大人民根本利益、全国各族各界根本利益，有效避免了旧式政党制度代表少数人、少数利益集团的弊端；新就新在它把各个政党和无党派人士紧密团结起来、为着共同目标而奋斗，有效避免了一党缺乏监督或者多党轮流坐庄、恶性竞争的弊端；新就新在它通过制度化、程序化、规范化的安排集中各种意见和建议、推动决策科学化民主化，有效避免了旧式政党制度囿于党派利益、阶级利益、区域和集团利益决策施政导致社会撕裂的弊端。

坚持民族区域自治制度

中国自古以来就是一个统一的多民族国家。在长期的经济、文化交往过程中，中国各民族群众紧密地联系在一起，形成了相互依存、相互促进、共同发展的关系，共同创造和发展了中华文明。1949 年新中国的成立，开辟了中国各民族平等、团结、互助的时代。

在中华人民共和国成立以前，中国究竟有多少少数民族，并不清楚。新中国成立后，从 1953 年起组织了大规模的民族识别考察工作，通过民族识别并经中央政府确认的民族有 56 个。由于汉族以外的 55 个民族相对人口较少，习惯上称之为“少数民族”。

中国民族区域自治制度的确立经历了长时间的探索和实践。1947 年，在中国共产党领导下，建立了第一个省级少数民族自治地方——内蒙古自治区。1949 年 9 月《中国人民政治协商会议共同纲领》，将民族区域自治制度确定为国家的一项基本政策和重要政治制度。1952 年 8 月颁布的《中华人民共和国民族区域自治实施纲要》，对民族区域自治制度作了全面规定。1954 年制定及以后修正颁布的《中华人民共和国宪法》，都将民族区域自治作为国家的一项重要政治制度加以规定。1984 年颁布的《中华人民共和国民族区域自治法》（2001 年对民族区域自治法做了修改），对少数民族自治地方的政治、经济、文化等各方面的权利和义务作了系统规定。新中国成立后又相继成立了4个省级自治区：1955年10月，新疆维吾尔自治区成立；1958年3月，广西壮族自治区成立；1958年10月，宁夏回族自治区成立；1965年9月，西藏自治区成立。我国现在一共有5个省级民族自治地区。

《中华人民共和国宪法》规定："中华人民共和国各民族一律平等。国家保障各少数民族的合法的权利和利益，维护和发展各民族的平等团结互助和谐关系。禁止对任何民族的歧视和压迫，禁止破坏民族团结和制造民族分裂的行为。""各少数民族聚居的地方实行区域自治，设立自治机关，行使自治权。各民族自治地方都是中华人民共和国不可分离的部分。"

中国实行民族区域自治，对于加强各民族平等、团结、互助的关系，维护国家统一，加快民族自治地方发展，促进少数民族社会进步，起到了重要作用。新中国70年的实践证明，用民族区域自治来解决中国的民族问题，是符合中国国情和各民族共同利益的正确选择。党的十八大以来，习近平总书记多次强调："全面建成小康社会，一个民族都不能少。"因此，我们要按照民族区域自治制度和各项民族政策，加快民族地区经济发展，维护民族地区团结稳定，加强各民族之间交往交流交融，更好凝聚各民族人民的智慧和力量，共同实现中华民族伟大复兴中国梦。

不断丰富基层群众自治制度

新中国成立后，中国逐步形成了以农村村民委员会、城市居民委员会和企业职工代表大会为主要内容的基层民主自治体系。广大人民在城乡基层群众性自治组织中，依法直接行使民主选举、民主决策、民主管理和民主监督的权利，对所在基层组织的公共事务和公益事业实行民主自治。这已经成为中国最直接、最广泛的民主实践。

村民自治是广大农民直接行使民主权利，依法办理自己的事情，实行自我管理、自我教育、自我服务的一项基本制度。它发端于 20 世纪 80 年代初期，1982 年《中华人民共和国宪法》规定了村民委员会作为农村基层群众性自治组织的法律地位，民主选举、民主决策、民主管理和民主监督是村民自治的主要内容。目前已建立了 69 万个农村村民委员会。

城市居民委员会是中国城市居民实现自我管理、自我教育、自我服务的基层群众性自治组织，是在城市基层实现直接民主的重要形式。新中国成立后，即在全国各个城市普遍建立居民委员会，实现城市居民对居住地公共事务管理的民主自治。1982 年，城市居民委员会制度首次写入《中华人民共和国宪法》。

职工代表大会是保证职工对企事业单位实行民主管理的基本制度。职工在企事业单位中享有的当家作主的民主权利，主要通过职工代表大会制度来实现。

2007 年，党的十七大报告首次将“基层群众自治制度”写入党的代表大会的报告，正式与人民代表大会制度、中国共产党领导的多党合作和政治协商制度、民族区域自治制度一起，纳入了中国特色政治制度范畴。

基层群众自治制度是实现人民当家作主、保证人民依照法律规定管理经济和文化事业，管理社会事务的一项重要的基本制度，对保障人民主体地位、发扬人民民主具有重要的意义。

坚持民主与集中相结合的民主集中制原则

民主与集中相结合的民主集中制，是中国特色社会主义民主区别于西方资产阶级民主的一个显著标志。根据民主集中制思想，1949 年 9 月的《中国人民政治协商会议共同纲领》规定:“各级政权机关一律实行民主集中制。”1954 年，一届全国人大通过的《中华人民共和国宪法》也规定:“全国人民代表大会、地方各级人民代表大会和其他国家机关，一律实行民主集中制。”刘少奇同志在作关于宪法草案的报告时指出:“有不少的人，常常错误地把民主和集中看做是绝对对立而不能互相结合的两回事。他们以为，有了民主就不能有集中，有了集中就不能有民主。他们看到我们国家机关中的人民的政治一致性，看到全国高度的统一领导，就企图证明在我们这里‘没有民主’。他们的错误在于他们不了解人民民主，也就不能了解建立于人民民主基础上的集中。”

1957 年 2 月，毛泽东同志发表《关于正确处理人民内部矛盾的问题》，深入阐述了民主和集中、自由和纪律的关系。他指出:“在人民内部，不可以没有自由，也不可以没有纪律；不可以没有民主，也不可以没有集中。这种民主和集中的统一，自由和纪律的统一，就是我们的民主集中制。在这个制度下，人民享受着广泛的民主和自由；同时又必须用社会主义的纪律约束自己。”他还提出:“我们的目标，是想造成一个又有集中又有民主，又有纪律又有自由，又有统一意志、又有个人心情舒畅、生动活泼，那样一种政治局面”。在改革开放新时期，邓小平同志也多次引用毛泽东同志的这段话，来阐述民主和集中、自由和纪律的关系，并注意纠正在这个问题上的错误偏向，推动了社会主义民主的健康发展。中国特色社会主义的民主集中制在理论上、制度上和实践上，实现了对资产阶级民主的超越，成为中国特色社会主义民主的显著特征和政治优势。

新中国成立 70 年来，中国人民在中国共产党正确领导下不断战胜各种艰难险阻，中国经济实力、综合国力、人民生活不断跨上新台阶，中国各民族长期共同团结奋斗、共同繁荣发展，中国社会长期保持和谐稳定。这些事实充分证明，中国社会主义民主政治具有强大生命力，中国特色社会主义政治发展道路是符合中国国情、保证人民当家作主的正确道路。

习近平总书记指出："中国特色社会主义民主是个新事物，也是个好事物。当然，这并不是说，中国政治制度就完美无缺了，就不需要完善和发展了。制度自信不是自视清高、自我满足，更不是裹足不前、故步自封，而是要把坚定制度自信和不断改革创新统一起来，在坚持根本政治制度、基本政治制度的基础上，不断推进制度体系完善和发展。"

这些对中国特色社会主义政治建设的辩证分析，为我们在坚定"四个自信"、坚定不移走中国特色社会主义政治发展道路的基础上，积极稳妥推进政治体制改革，为中国特色社会主义政治发展道路越来越完善、越来越成熟、越走越宽广指明了方向。在中国共产党的正确领导下，中国人民将继续坚持和拓展中国特色社会主义政治发展道路，为创新和发展社会主义政治文明、丰富人类社会政治文明多样性作出积极贡献。

第 8 讲

新中国文化建设成就

张国祚

中国文化软实力研究中心主任，中宣部理论局原副局长、全国哲学社会科学规划办公室原主任。

观点导读

- 在新中国成立之初，几乎是一穷二白；经过70年的奋斗，中国已经成为世界第二大经济体，已经进入了**中国特色社会主义新时代**。
- 中国70年来发生了巨大变化，取得了巨大成就，其中**文化建设**发挥了至关重要的作用。
- 习近平总书记指出，**文化兴则国运兴，文化强则民族强。**没有高度的文化自信和文化繁荣兴盛，就没有中华民族伟大复兴。新中国成立70年，印证了这个道理。
- 改革开放之后，特别是党的十八大以来，**文化发展**越来越繁荣，越来越兴盛，越来越充满生机和活力，未来发展一定会更加美好！

扫一扫，观看国史讲堂本讲精彩视频

新中国已经走过 70 年光辉历程。从鸦片战争开始，近代中国屡遭西方列强的侵略、践踏、凌辱，多灾多难。新中国成立之初，几乎是一穷二白；经过 70 年的奋斗，中国已经成为世界第二大经济体，进入了中国特色社会主义新时代。

新时代意味着久经磨难的中华民族，终于迎来了从站起来、富起来到强起来的伟大飞跃，迎来了中华民族伟大复兴的光明前景；意味着科学社会主义在 21 世纪的中国焕发出强大的生机和活力，中国特色社会主义伟大旗帜在全世界高高举起；意味着中国特色社会主义道路、理论、制度、文化不断发展，拓宽了发展中国家走向现代化的途径，为世界上想要加快发展又想保持自身独立的国家和民族提供了全新的选择，为解决人类问题贡献了中国智慧和方案。

人们不得不问，为什么我们从 70 年前那样的贫穷落后，能够走到今天的新时代？这当中文化建设发挥了至关重要的作用。习近平总书记指出，文化兴则国运兴，文化强则民族强。没有高度的文化自信和文化繁荣兴盛，就没有中华民族的伟大复兴。新中国成立的 70 年历史，印证了这个道理。

新中国成立初期：社会主义文化建设的方向确立和主要成就

70 年前，新中国成立之初，百业待举、百废待兴。那个时候，久经磨难的中华民族终于站起来了；但是，站起来不是最终目标，我们要走向繁荣、走向复兴。

新中国成立之初，文化建设经历除旧布新，进入一个新的建设时期。在“二为”方向和“双百”方针的鼓舞下，广大文艺工作者焕发创作热情，文化界呈现勃勃生机，形成了新中国文化艺术事业发展的第一个高潮。

识字运动摘掉亿万人文盲帽子。那个时候，我们面对着什么困难呢？第一大困难，就是我国5.5亿人口中有80%是文盲。如何使他们能够识字、看书、读报，能够听懂党的方针政策，能够搞社会主义建设，这是一个艰巨的任务。

所以，新中国成立初期开展了一场扫盲识字运动，这场运动可以说是波澜壮阔。开始的时候，工厂、农村、街道还有社区、军队，很多不识字的人都积极去学习。那么多的文盲，谁来当老师呢？这是首先要解决的问题。所以，当时就有了这样一个政策，机关干部、中小学毕业生、学校教师，还有凡是识字认字的工人、农民、职员，都可以当老师。那个时候人们普遍认为当老师是光荣的事情，老师们都有很强的荣誉感和责任感，也不需要什么报酬，都愿意教别人识字读书。整个识字运动轰轰烈烈地开展起来了，遍及全国各个领域、各个阶层。

经过这样的运动，整个国家识字率不断提高。毛泽东同志指出，“随着经济建设的高潮的到来，不可避免地将要出现一个文化建设的高潮。中国人被人认为不文明的时代已经过去了，我们将以一个具有高度文化的民族出现于世界。”

毛泽东同志当年的预言已经实现了。2000年我国的文盲率已从新中国成立初的80%下降到了6.72%。如果说新中国70年文化建设奠基从什么时候开始，就是从扫盲识字这个群众运动开始。

文艺创作呈现繁荣景象，涌现出一批优秀作品。文学创作方面，小说《三里湾》《红旗谱》，叙事诗《阿诗玛》《格萨尔王传》，散文《茶花赋》《长江三日》等一大批文化审美水平高、影响广泛的作品受到广大人民的喜爱。电影方面，涌现出《上甘岭》《英雄儿女》《冰山上的来客》等一批优秀作品。在音乐创作方面，涌现出《歌唱祖国》《我们走在大路上》《唱支山歌给党听》等一大批优秀歌曲。歌剧、舞蹈艺术创作、美术作品创作方面，也都精品迭出。

逐步建立新型文化管理体制。一是加快对旧戏改造，建立新型艺术管理体制。在延安时期建立的文工团基础上，将所有的民间文艺团体、戏班子、艺人组成国营文艺团体；组建中国京剧院、中央歌剧院、中央乐团、北京人民艺术剧院等一大批新型文艺院团。二是引进国外古典艺术品种，建立和丰富了我国的艺术门类体系，如引进芭蕾舞、交响乐、歌剧、油画等西方古典艺术门类，建立了艺术教育体系，培养了大批优秀文艺人才。三是成立了人民出版社、人民教育出版社、人民文学出版社等专业出版社。

积极开拓对外文化交流。新中国成立后，为了配合我国外交大局，我国在文学艺术、新闻出版、广播电影、遗产保护等领域，重点与社会主义国家、亚非拉发展中国家和少数西方国家开展了广泛的文化交流与合作。各类文化代表团互访频繁，为增进中国与各国人民的相互了解、友谊和理解，发挥了重要作用。

公共文化事业快速发展，群众文化生活进一步丰富。一大批文化设施在各地纷纷建立，为人民群众参与文化活动提供了保障。为了维护公民的阅读权益，提高全民族的科学文化素质，国家实施了一系列具有重大文化积累价值的基础性图书出版工程，出版了大量经典著作和有重要影响的优秀图书，出版物品种、数量快速增长。

改革开放以来：中国特色社会主义文化的新发展

改革开放后，在党中央的坚强领导下，各地区各部门坚持社会主义先进文化前进方向，深化文化体制改革，建立健全现代文化市场体系，构建完善公共文化服务体系，文化产业快速发展，文化事业普惠民生，文化强国建设稳步推进，文化改革发展取得令人瞩目的成就。可以说，改革开放的40年，是中华文化蓬勃发展的40年，也是中国文化产业不断壮大的40年。具体来说，体现在以下几个方面。

一是公共文化事业不断进步，文化投资规模持续扩大。改革开放以来，公共财政对文化建设的支持日益加强，公共文化设施不断完善，覆盖城乡的公共文化服务网络初步建立，公共文化服务理念逐步深化，公共文化服务能力和均等化水平逐渐提高；文化产业投资向发展水平较低的中西部地区倾斜，区域布局更趋合理，投资主体日益多元，文化产业社会效益与经济效益“双效统一”成效显著。

二是文化产业规模不断扩大，新型文化业态迅猛崛起。改革开放以来，我国国民经济持续快速发展，社会心理从传统封闭向现代开放演变，文化消费需求质量不断提高、数量不断增加。与此同时，我国文化市场准入逐步放宽，市场主体、经营方式日趋多元，文化产业规模不断扩大。特别是党的十八大以来，文化与科技融合发展，传统文化企业转型升级，文化产业呈现出全新的发展格局，稳步向国民经济支柱性产业迈进。

三是文化需求快速增长，文化走出去亮点纷呈。一方面，伴随着改革开放的步伐，我国文化市场不断发展壮大，在国家政策的鼓励和指引下，居民文化消费水平不断提高，文化需求快速增长。改革开放以来，居民文化消费需求不断发展，多元化多层次文化消费格局逐渐形成。另一方面，我国文化产品进出口连续多年保持顺差，国际文化影响力不断增强。特别是近年来，我国文化产业发展注重统筹国际、国内两个市场，加快发展对外文化贸易，“文化走出去”战略成为建设文化强国、增强国家文化软实力的必经之路。

建设社会主义文化强国，提高国家文化软实力

党的十八大以来，我国文化建设得到极大丰富，主要体现在四大方面：理论、舆论、文学艺术、新闻出版。

哲学社会科学繁荣发展。从理论上来讲，主要体现在哲学社会科学发展方面。习近平总书记在哲学社会科学工作座谈会上指出，“历史表明，社会大变革的时代，一定是哲学社会科学大发展的时代。当代中国正经历着我国历史上最为广泛而深刻的社会变革，也正在进行着人类历史上最为宏大而独特的实践创新。这种前无古人的伟大实践，必将给理论创造、学术繁荣提供强大动力和广阔空间。这是一个需要理论而且一定能够产生理论的时代，这是一个需要思想而且一定能够产生思想的时代。我们不能辜负了这个时代。”习近平总书记强调，自古以来，中国知识分子就有“为天地立心，为生民立命，为往圣继绝学，为万世开太平”的传统和志向。一切有理想、有抱负的哲学社会科学工作者都应该立时代之潮头、通古今之变化、发思想之先声，积极为党和人民述学立论、建言献策，担负起历史赋予的光荣使命。

这些论述给广大哲学社会科学工作者带来极大鼓舞，指明了前进的方向。广大哲学社会科学工作者近年来推出很多重要的人文社会科学的成果，为人民服务，为中国共产党治国理政服务，为改革开放和社会主义现代化服务。

建设中国特色社会主义文化。习近平总书记高度重视文化软实力。中共中央政治局曾就建设社会主义文化强国、提高国家文化软实力进行集体学习。支撑起我国文化软实力大厦的就是中国特色社会主义文化。而中国特色社会主义文化，主要包括三个方面：中华优秀传统文化、革命文化和社会主义先进文化。习近平总书记指出，我们上下五千年，创造了光辉灿烂、博大精深的中华优秀传统文化，有许多超越时空、跨越国度、具有当代价值、富有永恒魅力的文化基因。

因此，建设社会主义文化强国，首先要弘扬中华优秀传统文化。这里讲的是优秀传统文化，并不是所有的传统文化。因为中华传统文化虽然博大精深，但也应一分为二，其中既有精华也有糟粕。中华优秀传统文化主要包括讲仁爱、重民本、守诚信、崇正义、尚和合、求大同，这些都是优秀传统文化的精华。过去西方有些人攻击我们，说中国人不讲人性、不讲仁爱。错！我们历来强调"仁者爱人"，此外还有"民为邦本""本固邦宁""民贵，社稷次之，君轻"等民本思想，"德主刑辅"的法治思想，"协和万邦"的外交理念，"安不忘危"的忧患意识，"己所不欲，勿施于人"的道德原则，这些都值得永远传承。中华优秀传统文化中有很多精华可以在今天继续学习和吸收，其中特别突出的一点就是爱国主义。例如，文天祥"人生自古谁无死，留取丹心照汗青"，林则徐"苟利国家生死以，岂因祸福趋避之"，范仲淹"先天下之忧而忧，后天下之乐而乐"等，中华优秀传统文化中的爱国思想非常丰富。所以，中华优秀传统文化不仅能够激发我们的爱国主义热情、爱国主义精神，而且也为我们治国理政提供了丰富的经验和智慧。

进入中国特色社会主义新时代，为什么还要把中华优秀传统文化作为文化建设的重要内容呢？因为我们是历史主义者，不能割断历史。今日中国是从历史中国发展而来的，今日文化也是从中国历史文化发展而来的，对历史文化当中的精华，我们自然而然应该加以吸收。所以，把中华优秀传统文化作为中国特色社会主义文化建设的重要内容，这是自然而然、理所应当的。

建设社会主义文化强国，其次要继承发扬革命文化。习近平总书记指出，我们共产党员在精神上不能缺钙。在我看来，这个钙的一个重要来源就是革命文化。革命文化包括哪些内容呢？讲起来很多，如果讲其精华，就包括红船精神、井冈山精神、长征精神、延安精神、西柏坡精神等，这些都是我们的革命精神。经过 28 年浴血奋斗，有许许多多这样的革命精神教育。很多革命先烈为了国家解放、革命胜利，为了共产主义理想信念，献出了自己的生命，感人的故事太多了。

方志敏烈士写过一本很有名的著作叫《可爱的中国》，那是他被敌人俘虏之后在监狱写的。他在监狱中还写了一首诗："敌人只能砍下我们的头颅，/ 决不能动摇我们的信仰！/ 因为我们信仰的主义，乃是宇宙的真理！/ 为着共产主义牺牲，/ 为着苏维埃流血，/ 那是我们十分情愿的啊！"这里讲的共产主义就是我们共产党的理想信念；这里讲的苏维埃，也是我们革命的理想，因为当时中国革命要走苏联十月革命社会主义道路。这充分表现了方志敏坚定的共产主义理想信念。

在全国革命胜利前夕，重庆渣滓洞关押了很多共产党人，他们对革命无限忠诚，其中有一位年轻的共产党人叫陈然。国民党看他很年轻，想诱使他投降，说你只要写一个自白书，就可以放你出去，给你自由。这位年轻的共产党员用一首气贯长虹的诗回答了敌人的诱降，题目是《我的“自白”书》：“任脚下响着沉重的铁镣，/任你把皮鞭举得高高，/我不需要什么自白，/哪怕胸口对着带血的刺刀！/人，不能低下高贵的头，/只有怕死鬼才乞求‘自由’，/毒刑拷打算得了什么？/死亡也无法叫我开口！/对着死亡我放声大笑，/魔鬼的宫殿在笑声中动摇；/这就是我——/一个共产党员的自白，/高唱凯歌埋葬蒋家王朝。”这首诗表现出一个年轻共产党员对革命的无限忠诚、对革命胜利的坚定信心。

建设社会主义文化强国，再次要弘扬社会主义先进文化。中国特色社会主义文化还包括社会主义先进文化。“两弹一星”精神，这是社会主义先进文化；载人航天精神，这是我们的先进文化；还有大庆精神、铁人精神、雷锋精神、焦裕禄精神、孔繁森精神等，这些都是社会主义先进文化的精髓。在这些精神的鼓舞之下，各行各业涌现出许多劳动模范、先进工作者，他们不忘初心、牢记使命，忘我工作，无私奉献，为我国社会主义建设、改革开放作出了巨大贡献，他们的事迹感动中国，催人奋进。

不断增强社会主义意识形态凝聚力和引领力。在新闻舆论工作方面，习近平总书记指出，要“高举旗帜、引领导向，围绕中心、服务大局，团结人民、鼓舞士气，成风化人、凝心聚力，澄清谬误、明辨是非，联接中外、沟通世界”。这48个字包含有深刻的内涵，对于我们做好社会主义新闻舆论工作至关重要。

习近平总书记高度重视意识形态工作，他强调：“意识形态工作是我们党一项极端重要的工作。”因为“意识形态工作事关党的前途命运，事关国家长治久安，事关民族的凝聚力、向心力”。2018年8月召开的全国宣传思想工作会议上，习近平总书记要求，做好新形势下宣传思想工作，必须自觉承担起“举旗帜、聚民心、育新人、兴文化、展形象”的使命任务。习近平总书记这些论述具有非常强的针对性，是我们加强意识形态工作的根本遵循。

历史经验表明，一个政权的瓦解，往往首先从思想领域开始，政治动荡、政权更迭可能是一夜之间的事情，而思想演化则是一个长期过程。如果思想防线守不住了，那其他一切防线都守不住了，所以我们必须把意识形态中的领导权、管理权、话语权始终牢牢掌握在自己手中，任何时候不能旁落，否则我们就会犯无法挽回的历史性错误。

文艺坚持以人民为中心的创作导向。习近平总书记在文艺工作座谈会上指出，人民需要文艺，文艺需要人民，文艺要热爱人民。因此，在文艺创作、文艺演出等各个方面，都要以人民为中心，这是新时代整个文学艺术创作、整个文艺工作所必须遵循的根本宗旨、根本原则，也是整个文化建设所必须遵循的根本宗旨和根本原则。

习近平总书记强调，文艺创作必须把中国精神作为社会主义文艺工作者的灵魂。什么是中国精神？就是以爱国主义为核心的民族精神和以改革创新为核心的时代精神，就是爱国主义精神与时代精神的统一。爱国主义精神对于社会主义核心价值观来说，是最深层、最深刻、最永恒的主题，最永恒的内容。

习近平总书记指出，要像阳光和空气一样，让社会主义核心价值观无时不有、无处不在。社会主义核心价值观这 24 个字，富强、民主、文明、和谐，是从国家层面讲的；从社会层面来讲，那就是自由、平等、公正、法治；从公民个人层次来讲就是爱国、敬业、诚实、友善。这是从三个层次来讲，这三个层次最核心的都是围绕爱国主义来讲的。

我们想把国家建设成为富强、民主、文明、和谐的国家，就是基于我们的爱国主义情怀。我们要把社会建成自由平等、公正法治的社会，同样是基于我们的爱国情怀。爱国、敬业、诚信、友善，当然更是把爱国是放在第一位的。所以，新中国的文化建设发展到现在，必须更加旗帜鲜明地坚守爱国主义灵魂，就是社会主义核心价值观。

在习近平总书记文艺工作座谈会重要讲话精神的鼓舞下、指引下，近年来，我们的文艺工作取得了重要的成就，涌现出许多优秀作品，比如一些反映抗日战争时期的作品，有很多剧都是很好的。反映当下的作品也有，比如电影《战狼2》，在国际上也很有市场；电影《流浪地球》受到国际友人的好评。这些文艺作品反映了新时代文艺的繁荣兴盛。

再比方说，“一带一路”倡议，讲政策沟通、设施联通、经贸畅通、资金融通、民心相通。这“五通”当中最重要的是民心，如果民心不通，彼此之间没有感情，那么其他都谈不上。所以，民心是第一位的。也就是说，在“一带一路”倡议中，文化要先行。近年来，随着“一带一路”倡议不断实施，我们同世界上一百多个国家和国际组织开始有“一带一路”合作谈判，与其中不少国家开展了文化合作项目。中国的文化走向世界，走向“一带一路”沿线的国家，对于联接中外、沟通世界发挥了非常好的作用，使世界各国更多了解中国、认识中国、认同中国，更愿意和我们开展各方面的经济合作。

总结来说，中华民族上下五千年，创造了博大精深的优秀传统文化，长期领先于世界，这是值得我们骄傲的。但是，我认为更值得骄傲的是新中国成立后的70年，改革开放之后，特别是党的十八大以来，我国文化发展越来越繁荣，越来越兴盛，越来越充满生机和活力，未来发展一定会更加美好！

第 9 讲

新中国社会民生建设历史与成就

王震

中国社会科学院经济研究所研究员，公共经济学研究室主任。

观点导读

- 打赢脱贫攻坚战，实现全面脱贫。
- 新中国成立伊始，就高度**重视民生**，实践和探索了很多具有中国特色的社会民生制度和项目。
- 改革开放后，我国建立了适应社会主义市场经济体制的社会民生制度。在**城镇就业群体**中建立**社会保险制度**，就是大家通常所说的“五险一金”；在农村建立**新型农村合作医疗制度**、**新型农村养老保险制度**等。
- 党的十八大以来，在社会民生建设上，更加**突出公共服务**的**均等化**与**社会保障**的**城乡一体化**。
- 党的十九大报告指出，我国社会的主要矛盾，已经转化为人民日益增长的美好生活需要和不平衡不充分的发展之间的矛盾。什么是“美好生活”？这其中最核心的就是**社会民生**。党的十九大报告对社会民生的概括非常到位，就是**“七个有”**：幼有所育、学有所教、劳有所得、病有所医、老有所养、住有所居、弱有所扶。

扫一扫，观看国史讲堂本讲精彩视频

要讲“新中国70年社会民生建设”这个题目，我们不妨从一个偏远的山区讲起。

在我国西南横断山区有一座南北走向的大山高黎贡山，在高黎贡山的崇山峻岭中有一个独龙江乡，这里世世代代居住着我国的一个少数民族独龙族的乡亲们。

就是这样一个偏远山乡，2014年和2019年分别两次收到了习近平总书记的回信。第一次是祝贺独龙江乡公路隧道贯通。为什么隧道贯通需要祝贺呢？这与独龙江乡偏远的位置有关。在独龙江公路隧道贯通之前，1999年建成的独龙江乡公路，由于地势原因，一年中只有半年能通车。公路隧道的贯通实现了独龙江乡与外界的全年通车。

第二次是祝贺独龙江乡整乡脱贫。2018年独龙江乡全乡人均收入6122元，实现了整乡脱贫，实现了“两不愁三保障”：不愁吃、不愁穿，义务教育、基本医疗、住房安全有保障。对于这个偏僻的小山乡而言，实现全面脱贫，“两不愁三保障”，不论从哪个方面说，都可以用“伟大”两个字来形容。

独龙族在新中国成立之前还整体处于原始社会，刀耕火种，常年缺吃少穿。第一次吃上自己种的大米还是在新中国成立之后，在党和政府帮助下，1953年开出了53亩水田种植水稻。改革开放后，政府在独龙江地区加大了脱贫力度，特别是在基础设施建设上，加大投入。独龙江公路就是在1999年全线贯通的。党的十八大之后，我们党进行精准扶贫，展开了脱贫攻坚战，独龙江乡也最终跟上了全面小康的步伐。

独龙江乡的脱贫之路是新中国成立后全面消除绝对贫困的一个缩影，也是一个典型。

打赢脱贫攻坚战，实现全面脱贫

实现全面脱贫是全面实现小康社会的底线任务和标志性指标。所谓底线任务和标志性指标，指的是如果不能实现全面脱贫，就不能说实现了全面小康；只要有一个地区还没有实现脱贫，就不能说实现了全面小康。用木桶理论来比喻，全面脱贫是全面实现小康的最短板。

新中国成立以来，党和政府一直将消灭贫困作为重大战略任务。我们建设的是社会主义，消灭贫困、实现共同富裕本就是社会主义的根本属性，是社会主义的内在要求。

新中国成立 70 年来，我国的脱贫攻坚取得了历史性的成就。

第一，从1978年到1985年，按照当时的标准（年人均收入200元），贫困人口从 2.5 亿下降到 1.25 亿。

第二，从 20 世纪 80 年代开始，一直到 2010 年，我国连续实施了“八七扶贫攻坚计划”以及两个扶贫开发纲要，以现行标准（年人均收入 2300 元）计算，截止到 2012 年，贫困人口比 1985 年减少了 5.6 亿。

第三，党的十八大后，我们实施精准扶贫，从 2013 年到 2018 年，这 6 年间每年贫困人口减少 1373 万，贫困发生率下降到 1.7%，其中有 10 个省份下降到 1.0% 以下。可以说，无论从哪个方面，2020 年全面脱贫是完全可以实现的。[①]

中国大规模的减贫也为国际扶贫事业作出了贡献，赢得了国际社会的高度赞誉。

70 年来，我们形成了具有中国特色的扶贫道路：从救济式扶贫到开发式扶贫，从开发式扶贫再到党的十八大后提出的精准扶贫战略。在党的十八大后打赢脱贫攻坚战中，保障式扶贫与开发式扶贫相结合已成为中国扶贫政策的主要特征之一。我们的扶贫，即授人以渔，就是开发式扶贫，让贫困人口具有自我造血的能力；也授人以鱼，就是保障式扶贫，为贫困人口提供社会安全网。全面脱贫取得的伟大成就，同时也是社会民生建设取得的伟大成就。

社会民生建设：内容与意义

发展社会民生是社会主义现代化建设的根本目的。发展成果再多、再好、再漂亮，最终也要体现在社会民生上。大家辛苦努力，“撸起袖子加油干”，最终还是要让普通群众的日子过得更红火。这一点既是普通人理解的朴素道理，也是我们党的奋斗目标。

习近平总书记提出：人民对美好生活的向往，就是我们的奋斗目标。以人为本是党的执政理念，不断改善民生是发展的根本目的。

党的十九大报告中对民生事业的发展也作出了明确的论述：增进

① 2021 年 2 月 25 日，习近平总书记在全国脱贫攻坚总结表彰大会上发表重要讲话指出，我国脱贫攻坚战取得了全面胜利，现行标准下 9899 万农村贫困人口全部脱贫，832 个贫困县全部摘帽，12.8 万个贫困村全部出列，区域性整体贫困得到解决，完成了消除绝对贫困的艰巨任务。

民生福祉是发展的根本目的。

党的十九大报告对我国社会主要矛盾作出论述，我国社会的主要矛盾，已经转化为人民日益增长的美好生活需要和不平衡不充分的发展之间的矛盾。对这个主要矛盾的理解，其中关键一点就是“美好生活”。什么是“美好生活”？这其中最核心的就是社会民生。

社会民生包括哪些内容？党的十九大报告对社会民生的概括非常到位，就是“七个有”：幼有所育、学有所教、劳有所得、病有所医、老有所养、住有所居、弱有所扶。这“七个有”可以说切中了老百姓的痛点，都是大家日常能够切身感受到的。

新中国成立以来，在社会民生建设上取得了伟大的成就。

新中国成立伊始，在经济还不发达的情况下就一直重视民生，因地制宜，实践和探索了很多具有中国特色的社会民生制度和项目，比如农村的“五保”制度、合作医疗以及赤脚医生制度等，这些都受到国际社会的好评。

改革开放后，我们建立了适应社会主义市场经济体制的社会民生制度，在城镇就业群体中建立了社会保险，包括企业职工基本养老保险、医疗保险、工伤保险、失业保险、生育保险，就是大家通常所说的“五险一金”中的“五险”，在农村建立新型农村合作医疗制度、新型农村养老保险制度等。我们说实现了制度的全覆盖，每个中国公民至少被一项社会保障制度所覆盖。我们还实现了全面的九年义务教育。

党的十八大以来，在社会民生建设上，国家更加突出公共服务的均等化与社会保障的城乡一体化。

下面我根据自己的理解，选择一部分具有代表性的制度、项目和案例，来体现新中国70年社会民生建设的成就。当然，选择哪一个来讲，并不代表其他没有提到的不重要。

就业。我们常说，就业是民生之本。这句话的意思是说，没有就业，其他的包括老有所养、病有所医、学有所教等就不能实现，就是水中月、镜中花。我们党对就业始终高度重视。

我们当前就业有两个重点人群：一个是新毕业大学生，一个是农村剩余劳动力和农民工的就业。大家可以关注一下，每年的国务院常务会议，这两个都是就业领域的主要议题。在这里，我们主要说一下农民工的就业，因为农民工的就业不仅是农村剩余劳动力和农村居民增收的问题，而且也关系中国工业化和城镇化的问题。

先从农民工对工业化和城镇化的重要性说起。中国的农民工2018年总量是2.88亿，他们是我国工业化的主力之一。国务院2005年关于农民工问题的文件将农民工定位为“我国产业工人的重要组成部分”。

外出的农民工，再加上在本乡就业的农民工，也就是那些离土不离乡、在本乡从事非农就业的农村居民，他们来自非农就业的工资性收入已成为农村居民的主要收入来源。前面说到的扶贫减贫，其中的一个主要措施就是就业扶贫，给农村居民提供非农就业的机会。

中国农村剩余劳动力的转移，一个主要的特征是循序渐进、逐步放开。在改革开放之初并不是一下子打开农村剩余劳动力转移的口子，而是随着工业化及城镇化的进展逐步放开，有秩序地解决农村剩余劳动力问题。这一点不仅是理解中国的农民工就业问题的关键，而且也是理解中国城镇化问题的关键。有种观点认为，我们没有形成大规模人口转移带来的“贫民窟”。应该说，中国的农村劳动力转移是充分考虑了各方面可行性条件的转移，这是理解中国农民工就业的一个关键。

在有序转移的同时，国家对于农村劳动力的转移与农民工就业，还有充分的政策保障。人力资源和社会保障部每年都会就农民工工作以及就业扶贫作出相应的政策安排。针对农民工就业的特殊性比如流动性强，采取了很多相应的政策保障措施。

第一个是提升农民工人力资本积累的“春风行动”计划，每年通过资金扶持、技术扶持等为农民工提供就业信息、技能培训等，提高他们在就业市场中的竞争力。

第二个是参加社会保险，通过政策设计将异地就业的农民工纳入社会保险覆盖范围内，针对农民工流动就业的特征，出台社会保险的转移接续等政策。

第三个是这几年大力推动的跨省异地就医直接结算，直接服务异地就业的农民工，使得他们在打工地也能方便地实现就医报销。我2018年在云南调研，云南省医保局专门在春节前后，集中为外出就业的农民工办理异地就医的备案手续，使他们在就业地就医时可以直接使用医保报销。

教育。新中国成立以来的教育成就，第一个是“两基”与“两全”，即基本扫除青壮年文盲、基本实现九年义务教育与全面扫除青壮年文盲和全面实现九年义务教育。

在新中国成立伊始，中国的文盲率高达80%以上。到1964年就下降到了52.4%，到2011年，我们全面扫除了青壮年文盲。

1986年《中华人民共和国义务教育法》提出实行九年义务教育。1993年《中国教育改革和发展纲要》提出“双八五”的目标：到2000年要实现以县为统计，全国占总人口85%以上的地区，普及九年义务教育，这是第一个“85%”；第二个是初中的入学率要达到85%。到2000年，我们实现了“双八五”的目标。2011年全国初中的毛入学率超过了 100%。2018 年初中的毛入学率 100.9%。九年义务教育巩固率达到了 94.2%，所谓巩固率就是从小学一年级开始的 100 个学生中，有 94.2 个完成了初中学业。

与全面实现义务教育相关的是全面实现了义务教育阶段的免费。之所以能够全面实现九年义务教育，离不开公共财政的大量投入，离不开免费义务教育。

免费义务教育的实现，第一个关键节点是 2000 年开始农村税费改革，农村义务教育阶段的经费不再从农村居民的“三提五统”中收取，而是纳入县级财政予以保障。第二个节点是国家 2006 年首先从西部地区农村开始的农村学生“两免一补”，即免杂费、免书本费、补助寄宿生生活费。“两免一补”2007 年春在中东部地区推开。第三个节点是国家 2008 年秋季学期在城市义务教育阶段全面实现了九年义务教育。

在义务教育阶段还有一件事有必要提一下，那就是农村义务教育学生营养改善计划。我们从 2011 年起在农村义务教育学生中推动实施了学生营养改善计划，中央和地方两级财政出资，为义务教育阶段学生提供营养午餐。这极大改善了中国农村地区儿童的营养状况。这个计划可以说是“功莫大焉”。发展经济学的研究早就表明，儿童早期的营养状况对其一生的健康状况乃至智力发育、能力形成都很关键。大量研究表明，对贫困地区儿童营养的投资，其回报率远远超过资本市场的回报率。

在教育领域还有高等教育的大众化以及普及化。根据美国教育专家马丁·特罗的定义，高等教育的毛入学率在 15% 以下为精英教育，15%—50% 之间则进入大众化阶段；超过 50%，高等教育就进入普及化阶段。

我们高等教育的毛入学率在1949年只有0.26%，在校的大学生只有11.7万；1965年上升到1.96%，在校大学生109.5万。1978年高等教育毛入学率上升到2.7%，在校学生228万。一直到1990年，高等教育毛入学率为3.4%。在这个时候，能上大学可谓“凤毛麟角”，大量年轻人上大学的“梦想”是不能实现的，能上大学的可以说都是社会的“幸运儿”。到2002年经过大学的扩招，我们的毛入学率达到15%，进入大众化阶段。2018年毛入学率达到48.1%，2020年超过50%，进入高等教育的普及化阶段。

教育的大发展使我们的平均教育水平得到了极大的提升。根据第六次全国人口普查数据，初中以上学历的人口比例，从1982年的24.78%上升到2010年的61.75%；主要劳动年龄人口平均受教育年限从1980年的不到5年，提高到2010年的9.5年。[①] 从微观个体层面来说，越来越多的人通过教育提高了自己的能力，实现了自己的理想，改变了自己的命运；从宏观层面来说，教育水平的提高为经济发展提供了坚实的人力资本基础。如果没有教育带来的人力资本积累的提升，我国经济的快速增长，是难以想象的，也是难以实现的。

健康卫生。新中国成立后，我们党和政府高度重视健康卫生工作。我们先来看两个指标，第一个指标叫人均预期寿命，第二个是婴儿死亡率。

我们的人均预期寿命，在新中国成立之初，还不到40岁。在2018年的时候，达到了77岁。根据联合国的统计，在2015—2020年间，

① 根据2020年第七次全国人口普查数据，15岁及以上人口的平均受教育年限从2010年的9.08年提高至9.91年，16—59岁劳动年龄人口平均受教育年限从2010年的9.67年提高至10.75年。

中国的预期寿命为 76.62 岁，接近发达国家的水平。

第二个是婴儿死亡率，这里指 1 岁以内的婴儿死亡率，这个指标直接表明了一个国家或者地区的医疗卫生的状况。我们的婴儿死亡率在 20 世纪 60 年代的时候，大概是 135‰。就是每 1000 个 1 岁以内的儿童，在 1 岁前有 135 个会死亡。根据联合国测算的数据，在 2015—2020 年间，这个数字会下降到只有 9.89‰，也就是每 1000 个新出生儿童在 1 岁前只有不到 10 个会死亡，这已经接近发达国家的水平了。

人均预期寿命的增加与婴儿死亡率的下降，其背后是新中国 70 年来健康卫生事业的大发展。

首先是公共卫生事业发展。典型的事件是大规模消灭和控制寄生虫病和传染性疾病。毛泽东同志有一首非常著名的诗《七律·送瘟神》，这首诗的题首就是“读六月三十日《人民日报》，余江县消灭了血吸虫”。在公共卫生事业发展中，不得不提的就是爱国卫生运动，一直到现在我们还有爱国卫生运动委员会。爱国卫生运动的目的就是改善城乡环境卫生和生活条件，消除影响和危害人民群众健康的不良因素，切断疾病传播途径。

其次是医疗卫生服务提升。新中国成立后，在经济不甚发达的情况下，我国取得了农村医疗卫生事业的大发展。当时的一个工作方针就是“把医疗卫生的重点放到农村去”。其中，最值得关注的就是当时的农村合作医疗与赤脚医生。所谓合作医疗，就是依托农村集体经济组织，农村居民互助互济，上级政府支持，建立医疗保障组织。在合作医疗中，赤脚医生是关键。所谓赤脚医生，就是“农民的身份干医生的活”，他们仍然是集体经济组织的成员，在接受一定的培训后，为村民提供基本医疗服务。合作医疗和赤脚医生最大的、最主要的特征，就是以低廉的成本为广大农村居民提供基本医疗卫生服务，极大提高了农村医疗卫生服务的可及性。这受到了国际社会的高度赞扬。

除了赤脚医生，我国在农村还建立了三级医疗卫生网络，第一层就是以赤脚医生为主的村卫生室，第二层是各个乡镇的卫生院，第三层是县级医院。在城市则形成了社区卫生服务中心（站）、一级医院、二级医院、三级医院的完整的医疗卫生服务体系。

在医疗保障方面，我国建立了全民医保，医疗保险的覆盖率接近100%。

我国先是在1998年建立了城镇企业职工基本医疗保险。在此之前，城镇企业职工实行的是劳动保险制度。在劳动保险制度的基础上，1998年建立了企业缴费与职工缴费相结合，统筹账户与个人账户相结合的企业职工基本医疗保险制度。

2003年在农村建立新型农村合作医疗制度。相比于旧的合作医疗，新型农村合作医疗的最主要特征是政府补贴，由政府补贴与个人缴费形成新农合基金。2007年针对城镇非就业的居民，主要是“一老一小”，建立了城镇居民基本医疗保险，其筹资方式也是政府补贴加个人缴费。

党的十八大之后，随着城乡一体化进程的加快，新型农村合作医疗与城镇居民基本医疗保险从2016年开始进行整合，到2018年整合为城乡居民基本医疗保险，并确定由新成立的国家医保局负责管理。居民医保的筹资中，主要是政府补贴，政府补贴与个人缴费的比例在7∶3左右，北京市2019年个人缴费每年只有300元，政府财政补贴为每年1430元；上海市是个人740元，政府补贴2560元。

党的十八大之后，我国健康卫生事业的发展进入了一个新阶段，提出了“健康中国”的战略。“健康中国”的一个核心思想，是将之前的以“治病”为中心的医疗卫生工作转向为以“健康”为中心的健康卫生工作。关于健康中国建设，习近平总书记在 2016 年全国健康大会上指出，要将健康融入所有的政策中，要向居民提供全生命周期的健康卫生服务。这是个大趋势，我们党在这方面完全契合了这个大趋势。

社会保障。其实前面讲的一些内容也同时是社会保障的内容，比如医疗保障，也是社会保障的一个主要组成部分。社会保障是一个社会的稳定器，也是社会的黏合剂，通过互助共济来增进社会的团结。新中国成立以来我国已经形成了以社会保险为主体，包括社会保险、社会救助、社会福利等在内的完整的社会保障体系，实现了制度的全覆盖，也实现了对人群的全覆盖。

在改革开放前，根据当时的经济体制以及经济发展状况，我国建立了城乡有别的社会保障制度。在农村，依托集体经济组织，先是为鳏寡孤独、老弱病残等建立了农村的“五保”供养制度。所谓的“五保”，就是保吃、保穿、保住、保医、保葬。除了“五保”，还有前面提到的农村合作医疗。

在城市，我国在企业职工中建立了劳动保险制度，所谓的“吃劳保”，指的就是劳动保险制度。对机关事业单位的职工，则建立了离退休制度和公费医疗的制度。虽然当时因为经济发展还处于较低水平，保障水平也比较低，但不论是农村的还是城市的社会保障制度，都为广大人民群众提供了基本的保障。考虑到当时的经济发展状况，这实属不易。

改革开放后，我国逐步形成了适应社会主义市场经济体制的社会保障制度。

在城市，随着国有企业改革，原先的劳保制度也逐步改革为更加适应市场经济的社会保险制度。从 1997 年开始，我国逐步建立了城镇企业职工的基本养老保险、基本医疗保险、工伤保险、失业保险、生育保险等“五险”。随着我们住房保障制度的改革，我国又建立了住房公积金制度，也就是大家所熟知的“五险一金”中的“一金”。

在农村，先是建立了政府补贴加个人缴费的新型农村合作医疗。2009 年，我国开始建立新型农村基本养老保险制度。中国的农民在年满 60 周岁之后，都可以拿到政府的养老金。养老金的额度虽然不高，但对中国的农民而言，是几千年没有的事情。

除了社会保险，我国还在农村和城镇地区建立了社会救助制度。社会救助与社会保险不同，无须缴费，专门针对低收入群体，为他们提供基本的生活保障。我们建立了城乡低保制度，建立了城乡医疗救助制度。这些制度起到了“兜底”的作用，为低收入群体建立了社会安全网。

党的十八大之后，社会保障制度的发展有两个最主要的特征：一是实现社会保障的城乡一体化，彻底结束了城乡二元分割的局面；第二个是在社会保障的完善和调整中，突出积极应对人口老龄化。

先说城乡一体化。我国的社会保障，在改革开放前一个主要的特征就是城乡分开建立制度。这在经济不够发达、人口流动不甚频繁的情况下是合适的，是我国在实际国情下的一个选择，也是在经济还不发达的情况下，迅速实现社会保障全覆盖的一个选择。随着我国经济的发展，城镇化的快速推进，特别是人口流动的常态化，都使得这种二元分割不能适应新的情况。因此，党的十八大之后，中央在社会保障制度建设上的一个重要举措就是城乡一体化。

首先是 2014 年，国家整合了城镇居民基本养老保险与农村居民基本养老保险。我们知道在城镇，除了就业职工，还有一部分非就业的居民。按照新农保的设计思路，我们在 2011 年建立了城镇非就业居民的基本养老保险制度。2014 年，这两个制度合并为统一的城乡居民基本养老保险制度。

其次是城乡居民基本医疗保险的整合。这个前面已经详细介绍过了。

除了城乡一体化外，为了适应人才流动，为了进一步加大社会保障的公平性，我国在 2014 年开始实行机关事业单位的养老金制度改革。2014 年之前，机关事业单位的养老金制度自成一体，由财政全额负担，个人无须缴费。这就导致机关事业单位职工与企业职工之间在养老金方面的不平等。2014 年，中央决定建立机关事业单位的养老金制度，按照企业职工的养老金制度进行设计，实现了制度的并轨。

在应对人口老龄化方面，我国也做了很多工作。在我们老龄人口中，最需要关注的是那些失能失智老人。一个家庭出现这样一位老人，不仅老人受罪，也给子女带来非常大的经济和心理压力。最近有一个很火的电视节目叫《忘不了餐厅》。这是一群老年阿尔兹海默症患者，他们的遭遇引起了大家的共鸣。实际上，在现实生活中，对失能失智老人的照料是一个非常大的难题。特别是一些贫困地区的贫困老人，自己家庭无法提供照料，也没有资源获得社会的帮助。为了提供对失能失智老人的照料，我国在 2016 年开始在 15 个城市试点失能失智人员的长期照护保险，有些地方也叫长期护理保险制度，通过社会保险的办法为这部分老人提供基本支持。

第 *10* 讲

在把握“两山论”中回望生态文明建设的发展与成就

黄承梁

中国社会科学院生态文明研究智库理论部主任。

观点导读

- 新中国成立70年来，我国环境保护事业**在艰难中**起步、探索、逐步走向完善，实现有序发展，全社会对环境保护和生态文明建设的**认识不断深化**，污染**治理成效不断显现**，生态环境状况**持续好转**，生态文明建设**扎实推进**。
- 生态文明建设，归根结底，在于实现人与自然的和谐共生，在于**正确处理人与自然的关系**。生态环境保护不应是舍弃经济发展的缘木求鱼，而是要坚持在发展中保护、在保护中发展，实现经济社会发展与人口、资源、环境相协调。当前我国生态文明建设面临的**形势依然十分严峻**，未来还**任重道远**。
- 党的十八大以来，以习近平同志为核心的党中央把生态文明建设纳入“五位一体”总体布局和“四个全面”战略布局，形成了**习近平生态文明思想**，推动我国生态文明建设取得了历史性成就，发生了历史性变革，实现了**历史性**、**转折性**、**全局性**变化。

扫一扫，观看国史讲堂本讲精彩视频

新中国成立 70 年来，我国环境保护事业在艰难中起步、探索、逐步走向完善，实现有序发展，全社会对环境保护和生态文明建设的认识不断深化，污染治理成效不断显现，生态环境状况持续好转，生态文明建设扎实推进。特别是党的十八大以来，以习近平同志为核心的党中央把生态文明建设纳入“五位一体”总体布局和“四个全面”战略布局，形成了习近平生态文明思想，推动我国生态文明建设取得了历史性成就，发生了历史性变革，实现了历史性、转折性、全局性变化。习近平总书记“绿水青山就是金山银山”科学论断所揭示的绿色发展方式，是新时代生态文明建设的根本遵循。

我国生态文明建设事业的起步阶段

新中国成立初期，百废待兴，发展经济的任务十分繁重。以毛泽东同志为代表的新中国的缔造者们，先是确立了新中国成立后的三年国民经济恢复期，后又于 1953 年至 1957 年开展了第一个五年计划。在苏联的援建下，全面发展涵盖国民经济各主要领域的重化工业项目和重型机械制造项目，如电站、煤矿、炼油厂，鞍钢、武钢、包钢、第一重型机器厂、第一汽车制造厂、第一拖拉机厂等。随着工业化的展开和经济的发展，污染问题开始出现。但由于国民经济初入正轨，国家工业化刚刚起步，环境污染只是在局部地区出现且程度较轻，党和国家并未明确提出环境保护的概念并制订相应的环保政策。尽管如此，在经济建设过程中，相关部门曾经出台了一些具有环保功能的文件和法规，一些城市也采取了一些保护环境的举措。如1952年兴起的爱国卫生运动，明确了城市环境整治工作；1953年10月，北京市政府发布了《关于减少城市嘈杂现象的通告》等。1958年开始的“大跃进”和大炼钢铁运动，由于技术落后、污染密集的小企业数量迅速增加，使工业结构呈现出污染密集的重化工趋势。针对出现的环境问题，20世纪60年代前期，中央政府采取了一些补救措施，大力推行“综合利用工业废物”方针，提出了“三同时”思想，工业部门还提出了“变废为宝”的口号。1972年6月，联合国人类环境会议召开，通过了《人类环境宣言》。这是人类史上关于环境保护形成全球共识的大会，具有里程碑意义。我国政府派出代表团，多次表明中国政府关于环境问题的原则立场。1973年8月，在周恩来同志的推动下，第一次全国环保会议召开，制订了新中国第一个环保工作的“32字方针”。以此为标志，中国环保意识正式觉醒，中国现代环保事业开始起步。

整体看，这一历史阶段，就是习近平总书记讲的“第一个阶段”，“是用绿水青山去换金山银山”，[①] 对环境资源的承载力不考虑或者鲜有考虑的阶段。从环境保护运动的兴起和发展历程来看，环境保护是由于工业发展导致环境污染问题过于严重，首先引起西方发达工业化国家的重视而产生的。20世纪环境保护运动兴起，普遍认为是由1962年美国生物学家蕾切尔·卡逊出版的《寂静的春天》引发，在美国率先发动。世界范围内人类环境运动的兴起，也不过半个多世纪。从我

① 习近平:《之江新语》，浙江人民出版社2007年版，第186页。

国的情况看，回顾新中国 70 年来，我国生态文明建设事业的历史起点，不得不提到以毛泽东同志为代表的中国共产党第一代领导集体在新中国建立初期的四大水利工程治理和毛泽东同志发出的“绿化祖国”的号召。

1950 年夏天，淮河流域发生特大洪涝灾害，导致河南、安徽 1300 多万人受灾，数千万亩土地被淹，人民群众的生命财产遭受巨大损失。毛泽东同志要求考虑根治办法，在秋天兴起大规模导淮工程。10 月 14 日，政务院发布了《关于治理淮河的决定》，拉开了新中国第一个大型水利工程建设序幕。1951 年 5 月 15 日，《人民日报》发表毛泽东同志题词：“一定要把淮河修好”。在治理淮河的同时，1950 年 10 月，周恩来同志主持召开政务院会议研究长江荆江段防洪工事。此后，在毛泽东、周恩来同志的持续推动下，1952 年 4 月，荆江分洪工程全面开工，仅 75 天就完工了。1954 年 7 月至 8 月，长江出现了有水文记录以来历史上最大的洪水。毛泽东同志题词：“庆祝武汉人民战胜了一九五四年的洪水，还要准备战胜今后可能发生的同样严重的洪水。”此后，毛泽东同志考察黄河时发出了广为流传、动员和激励数代人治理黄河的伟大号召：“要把黄河的事情办好”，也提出“一定要根治海河”。此外，毛泽东同志发出了影响了一代又一代中国共产党人和中国人民的“绿化祖国”的号召。

以毛泽东同志为代表的新中国缔造者们在新中国建立初期治水治国、绿化祖国的实践和号召，无不反映出中国共产党人与生俱来的绿色情怀，许多战略和构想仍是今天我们全面建成小康社会和建设美丽中国的努力目标。

党的十八大以来，以习近平同志为核心的党中央对母亲河非常关注，进行了全局考虑、通盘谋划。在青海，习近平总书记要求青海必须担负起保护三江源、保护“中华水塔”的重大责任，确保“一江清水向东流”；在重庆、武汉，习近平总书记先后主持和部署推动长江经济带发展座谈会，指出“推动长江经济带发展必须从中华民族长远利益考虑，走生态优先、绿色发展之路，使绿水青山产生巨大生态效益、经济效益、社会效益，使母亲河永葆生机活力”；2019 年 8 月和 9 月，习近平总书记在甘肃、河南考察，先后视察黄河，提出要加强黄河治理保护，推动黄河流域高质量发展。毛泽东同志曾充满深情地说：“黄河是伟大的，是我们中华民族的起源，人说‘不到黄河心不死’，我是到了黄河也不死心。”习近平总书记指出，之所以要盯住生态环境问题不放，是因为如果不抓紧、不紧抓，任凭破坏生态环境的问题不断产生，我们就难以从根本上扭转我国生态环境恶化的趋势，就是对中华民族和子孙后代不负责任。这些重要论述，体现了人民领袖对建设美丽中国、实现中华民族永续发展的深邃思考和历史使命感，彰显了中国共产党人对人类生态与文明发展规律、自然规律和经济社会发展规律的深刻认识和系统把握。

我国生态文明建设事业的发展阶段

习近平总书记讲的“第二个阶段”，即“既要金山银山，但是也要保住绿水青山”[①] 阶段，这一历史时期，跨越时间较长，可以涵盖从改革开放之初至 21 世纪初及至党的十八大前的整个历史时期。从生态文

① 习近平：《之江新语》，浙江人民出版社 2007 年版，第 186 页。

明建设的伟大成就看，以邓小平同志为核心的党的第二代中央领导集体，更加注重法治化建设，将环境保护上升为我国的一项基本国策，更加注重组织机构建设，奠定了我国环境保护法治化、制度化和体系化的基础；以江泽民同志为核心的党的第三代领导集体，顺应历史潮流和人类社会发展趋势，在党的十五大上将可持续发展战略写入党代会报告，明确我国经济社会发展要走可持续发展的道路；以胡锦涛同志为总书记的党中央，提出了树立和落实全面发展、协调发展、可持续发展的科学发展观，指出要在“推进发展中充分考虑资源和环境的承受力，统筹考虑当前发展和未来发展的需要”，“实现自然生态系统和社会经济系统的良性循环”。特别是2007年召开的党的十七大，我们党首次把“生态文明”这一理念写进党代会报告，首次使生态文明与社会主义物质文明、精神文明、政治文明一道成为中国特色社会主义社会文明形态的基本特征和重要组成部分，标志着中国共产党统筹人与自然和谐发展全新理念的提出和关于生态环境保护执政理念和执政方式的重大创新和变革。

从整体上看，这一历史时期，工业化、城镇化进程突飞猛进。中国人民以自己勤劳、坚韧和智慧的发展创造了世界经济发展史上令人赞叹的“中国奇迹”。同时必须看到，在实践中，我们一度放任“先上车、后补票”“先污染、后治理”“边污染、边治理”“只污染、不治理”的经济建设优先于环境保护、环境保护让位于经济建设的做法。在经济发展与环境保护的关系上，我们曾经为了经济利益而过度，甚至是滥用自然资源；一强调环境保护，就将其与经济建设对立起来，使经济社会发展和生态环境保护反复出现“一抓就死”“一放就乱”的二元悖论。总体来看，这一历史时期，党和国家大力加强环境保护和生态文明建设，但经济增长方式还是过于粗放，能源资源消耗还是过快，资源支撑不住，环境容纳不下，社会承受不起，发展已经难以持续。正如习近平总书记指出的："如果仍是粗放发展，即使实现了国内生产总值翻一番的目标，那污染又会是一种什么情况？届时资源环境恐怕完全承载不了。"我们必须全方位立体化全过程探索环境保护和经济发展竞合新道路，开辟社会主义生态文明新时代。

我国生态文明建设事业的完善和成熟阶段

进入新时代，习近平生态文明思想成为我国生态文明建设的根本遵循。习近平生态文明思想坚持人与自然和谐共生的自然观，坚持绿水青山就是金山银山的发展观，深刻回答了为什么建设生态文明、建设什么样的生态文明、怎样建设生态文明的重大理论和实践问题。中国生态文明建设也由此进入习近平总书记"两山论"发展的新阶段，"绿水青山就是金山银山"[①]的阶段。

系统把握绿水青山就是金山银山理念的实质和丰富内涵。生态文明建设，归根结底，在于实现人与自然的和谐共生，在于正确处理人与自然的关系。经济发展不应是对资源和生态环境的竭泽而渔，生态环境保护也不应是舍弃经济发展的缘木求鱼，而是要坚持在发展中保护、在保护中发展，实现经济社会发展与人口、资源、环境相协调。习近平总书记指出："我说的绿水青山和金山银山的关系，是实现可持续发展的内在要求，也是我们推进现代化建设的重大原则。"在中国特

① 习近平：《之江新语》，浙江人民出版社2007年版，第186页。

色社会主义新时代，我们要坚持原原本本学习习近平生态文明思想，系统把握绿水青山就是金山银山理念的丰富内涵。

一是绿水青山本身就是金山银山。2014 年 3 月，习近平总书记在参加十二届全国人大二次会议贵州代表团审议时的讲话中指出：“为什么说绿水青山就是金山银山？‘鱼逐水草而居，鸟择良木而栖’……绿水青山既是自然财富，又是社会财富、经济财富。”他反复强调：“生态环境没有替代品，用之不觉，失之难存。”在纪念马克思诞辰 200 周年大会上，习近平总书记又指出：“人类在同自然的互动中生产、生活、发展，人类善待自然，自然也会馈赠人类。”这些重要论述都表明，自然是生命之母，人与自然是生命共同体，“常青树就是摇钱树”。

二是绿水青山是最公平的公共产品，是最普惠的民生福祉。人民性是马克思主义最鲜明的品格，始终坚持以人民为中心的发展思想，是以习近平同志为核心的党中央不忘初心、牢记使命的自觉担当。绿水青山就是金山银山理念同样是习近平总书记对怎样更好顺应和满足人民群众在新时代对良好生态环境新期待的深入思考。习近平总书记指出：“把生态文明建设放到更加突出的位置。这也是民意所在。”“小康全面不全面，生态环境质量是关键。”近年来，人民群众对呼吸上新鲜的空气、喝上干净的水、吃上放心的食品，愿望强烈。新时代，我们要把解决突出生态环境问题作为民生优先领域，坚决打赢蓝天保卫战、深入实施和全面落实水污染和土壤污染防治行动计划，建设美丽乡村，不断为人民群众创造天蓝、水清、地绿的宜居生活环境。

三是绿水青山就是金山银山为探索生态脱贫提供新理念。消除贫困、改善民生、逐步实现共同富裕，是社会主义的本质要求，是中国共产党的重要使命。2015 年 11 月，习近平总书记在中央扶贫开发工作会议上指出："一些地方生态环境基础脆弱又相对贫困，要通过改革创新，探索一条生态脱贫的新路子，让贫困地区的土地、劳动力、资产、自然风光等要素活起来，让资源变资产、资金变股金、农民变股东，让绿水青山变金山银山，带动贫困人口增收。"习近平总书记的重要论述，为全面建成小康社会找到一条绿水青山就是金山银山理念和脱贫攻坚相得益彰的新道路，既为坚决打赢脱贫攻坚战注入生态脱贫新理念，也为生态文明建设赋予新时代新使命。

四是绿水青山就是金山银山是生态文明建设更现代、更形象、更朴素的话语表达。党的十八大以来，构建人类命运共同体理念已经成为习近平总书记以全球视野、人类胸怀积极推动全球治理的理念。习近平总书记多次谈到生态文明建设与构建人类命运共同体。2016 年 9 月，在二十国集团工商峰会开幕式上，习近平主席指出："我多次说过，绿水青山就是金山银山，保护环境就是保护生产力，改善环境就是发展生产力。这个朴素的道理正得到越来越多人们的认同。"2017 年 1 月，习近平主席在联合国日内瓦总部发表演讲时指出："绿水青山就是金山银山。我们应该遵循天人合一、道法自然的理念，寻求永续发展之路。"党的十九大提出我们要成为生态文明建设的重要参与者、贡献者、引领者。绿水青山就是金山银山就是一个影响深远的形象话语，在世界范围、国际社会产生了广泛影响与共鸣，为生态文明建设、人类命运共同体构建作出了独特贡献。

系统把握党的十八大以来我国生态文明建设的历史性成就。党的十八大以来，以习近平同志为核心的党中央立足我国社会主要矛盾变化，把握我国经济发展进入新常态的趋势性特征，高瞻远瞩、总揽全局，把生态文明建设纳入"五位一体"中国特色社会主义事业总体布局，开展了一系列根本性、开创性、长远性工作，推动我国生态环境保护和生态文明建设发生历史性、转折性、全局性变化。从战略高度深化对新时代我国生态文明发展态势和阶段特征的总体认识，把握大势、顺势而为，全方位、全地域、全过程推进生态文明建设，不断开创人与自然和谐共生的现代化建设新局面。

一是以生态价值观念为准则的生态文化体系加快形成。中华民族向来尊重自然、热爱自然，绵延 5000 多年的中华文明孕育了丰富的生态文化。党的十八大以来，在习近平生态文明思想指引下，大力弘扬尊重自然规律、维护生态平衡的中华优秀传统生态文化，持续生动诠释和践行绿水青山就是金山银山的理念。拒绝奢华和浪费，追求简约适度、绿色低碳、文明健康成为人民群众社会生活的主流文化。

二是生态文明建设体制机制改革取得重大突破，顶层设计和制度体系建设加快形成。党的十八大以来，以习近平同志为核心的党中央全面推进生态文明体制机制改革，生态文明建设系统性、整体性、协同性着力增强，重要领域和关键环节改革取得突破性进展。例如，由自然资源资产产权制度、国土空间开发保护制度、空间规划体系、资源总量管理和全面节约制度、资源有偿使用和生态补偿制度、环境治理体系、环境治理和生态保护市场体系、生态文明绩效评价考核和责任追究制度 8 项制度构成的主体框架基本确立；生态文明建设试验区、省以下环保机构监测监察执法垂直管理、按流域设置环境监管执法机构、国家公园体制等改革试点有序推进，为全面深化改革积累了丰富经验，生态文明建设国家治理体系和治理能力现代化水平明显提高；高度重视中央生态环境保护督察，推动解决了一大批长期想解决而没有解决的生态环境“老大难”问题，有力推动了产业结构转型升级和经济高质量发展等。

三是绿色发展方式逐步培育、渐成常态，生态文明经济体系建设势不可挡。习近平总书记2018年5月18日在全国生态环境保护大会上指出：“绿色发展是构建高质量现代化经济体系的必然要求，是解决污染问题的根本之策。”当前，产业生态化和生态产业化并驾齐驱。传统重化工业以推进供给侧结构性改革为主线，产业经济结构不断优化，发展方式转变成效显著，经济发展质量变革、效率变革、动力变革加速推进，发展质量和效益不断提升；绿色生态产业化、规模化渐成常态，新型工业化进程明显加快，高端制造、清洁能源、新能源汽车、新材料加工、电子信息、人工智能等战略性新兴产业方兴未艾，数字经济等新兴产业蓬勃发展，“互联网＋”推动一二三产业深度融合发展；农业现代化稳步推进，现代农业产业体系、生产体系、经营体系逐步培育，绿色无公害产品深受市场青睐；生态旅游、健康养老等产业加快发展；区域绿色发展协调性显著增强。

四是生态环境质量总体改善，以人民群众反映强烈的大气、水、土壤污染等突出问题为重点，做好坚决打赢蓝天保卫战、着力打好碧水保卫战、扎实推进净土保卫战等生态环保工作。党的十八大以来，各地区各部门深入贯彻落实习近平总书记以人民为中心的发展思想，补齐民生领域生态产品供给短板，着力推进重点行业和重点区域大气污染治理，着力推进颗粒物污染防治，着力推进流域和区域水污染防治，着力推进重金属污染和土壤污染综合治理，大气、水、土壤污染防治三大行动计划深入实施，生态环境治理明显加强，环境状况得到改善。京津冀及周边地区、长三角、珠三角等重点区域大气污染联防联控取得初步成效；水污染防治、七大重点流域干流沿岸重化工项目有效控制，城市黑臭水体整治全面推开，河长制全面推行；土壤污染治理和修复迈开步子，农业面源污染治理开始加强，农作物秸秆和畜禽养殖废弃物全量资源化利用加快推进。人民群众感同身受，城乡环境更宜居、人民生活更美好。

五是应对气候变化体现中国方案和中国智慧，中国生态文明建设对人类文明进步作出重大贡献。党的十八大以来，从气候变化巴黎大会到二十国集团领导人杭州峰会，从中非合作论坛约翰内斯堡峰会到金砖国家领导人厦门会晤，从上合组织元首峰会到“一带一路”国际合作高峰论坛，从中国北京世界园艺博览会到第二十三届圣彼得堡国际经济论坛全会等，在多个重大国际场合，习近平主席精辟阐述中国生态文明建设理念，向世界传递出中国推进生态文明建设的决心，将绿色发展理念传导至世界各个角落。我国率先发布《中国落实2030年可持续发展议程国别方案》，实施《国家应对气候变化规划（2014—2020年）》，向联合国交存《巴黎协定》批准文书；消耗臭氧层物质的淘汰量占发展中国家总量的50%以上，成为对全球臭氧层保护贡献最大的国家；同联合国环境规划署等国际组织一道发起“一带一路”绿色发展国际联盟，与相关国家互助合作，开展造林绿化，共同改善环境；高度重视荒漠化防治工作，取得了显著成就。这些都表明我们为维护全球生态安全贡献了中国力量，为国际社会治理生态环境提供了中国经验。

回顾新中国成立70年发展历程，中国共产党始终是环境保护和生态文明建设事业的领导力量。党建设生态文明的主张经人民的同意上升为国家意志，获得了对全社会的普遍约束力，不断推动我国生态文明建设迈上新的历史台阶。

第 11 讲

新中国成立以来党的建设八条基本经验

祝灵君

中共中央党校（国家行政学院）党的建设教研部副主任、教授、博士生导师。

观点导读

- 70年风雨兼程，面对各种风险考验，党在革命性锻造中焕发出强大的生机活力，党的领导水平和执政能力不断提高，为党和国家事业发展进步提供了坚强政治保证。
- 在推进党的建设的动力上，社会主义建设时期我们经常采用开门整党整风等方式，党的十三大报告提出走“靠改革和制度建设的**新路子**”，党的十六大报告提出“以**改革**的精神**把党的建设推向前进**”，党的十七大报告提出“以改革创新精神**全面**推进党的建设**新的伟大工程**”。
- 治国必先治党，治党务必从严。党的十八大以来，全党更加重视把自我革命作为党的建设的内生动力。党的十九大报告提出新时代党的建设总要求，全党更加自觉地以自我革命推动社会革命，**在社会革命中坚持自我革命**，提高党的建设质量。

扫一扫，观看国史讲堂本讲精彩视频

1939 年，毛泽东同志在《〈共产党人〉发刊词》一文中总结建党十八年来党的建设经验，第一次提出了“党的建设的伟大工程”的重大命题。党的十四届四中全会把党的建设称作“新的伟大工程”。从“伟大工程”走向“新的伟大工程”，是 70 年党的建设的真实写照。

首先，我向各位介绍一下党的建设的总体框架。自古田会议中国共产党确立思想建党、政治建军的基本原则以来，中国共产党逐步形成了思想建设、组织建设、作风建设的党的建设框架。直至党的十三大报告首次提出党的制度建设，并在党的十四大和十四届四中全会中明确了制度建设的目标，党的十六大报告把制度建设写入党章，党的十七大报告提出了反腐倡廉建设，形成以党的执政能力建设和党的先进性、纯洁性建设为主线，贯穿五大建设的“5+1”框架。党的十九大报告提出新时代党的建设总要求，一改长期以来把思想建设放在首位的传统，把政治建设放在首位，统领党的思想建设、组织建设、作风建设、纪律建设，制度建设贯穿其中，深入推进反腐败斗争，形成了“5+2”格局。

各位可不要小看 70 年来党的建设从三大建设、四大建设、“5+1”格局、“5+2”格局的变化。可以说，社会主义事业和中国特色社会主义事业每前进一步，都离不开这个伟大工程的领航保驾。70 年风雨兼程，中国共产党面对各种风险考验，党在革命性锻造中焕发出强大的生机活力，党的领导水平和执政能力不断提高，为党和国家事业发展进步提供了坚强政治保证。

在推进党的建设的动力上，社会主义建设时期我们经常采用开门整党整风等方式；党的十三大报告提出走“靠改革和制度建设的新路子”；党的十六大报告提出“以改革的精神把党的建设推向前进”；党的十七大报告提出“以改革创新精神全面推进党的建设新的伟大工程”；党的十八大以来，全党更加重视把自我革命作为党的建设的内生动力；党的十九大报告提出新时代党的建设总要求，全党更加自觉地以自我革命推动社会革命，在社会革命中坚持自我革命，提高党的建设质量。

下面，我介绍一下 70 年党的建设的经验和成就。

第一条经验：始终坚持和加强党的领导

党的领导是马克思主义政党的先锋队性质决定的，是历史和人民的选择，是实现中华民族伟大复兴的根本保证，是四项基本原则的核心内容。党的十九大报告指出：“中国特色社会主义最本质的特征是中国共产党的领导，中国特色社会主义制度的最大优势是中国共产党的领导，党是最高政治领导力量”。新中国成立以来，各项事业发展进步，实现中华民族伟大复兴中国梦，都取决于党的领导。

在坚持党的领导这个根本政治原则问题上，历届党中央领导人都有深刻的论述，都有极为清醒的认识。1954 年，毛泽东同志在第一届全国人民代表大会上宣布：“领导我们事业的核心力量是中国共产党”；党的十一届三中全会后，邓小平同志反复强调：“坚持四项基本原则的核心，是坚持党的领导”，“要不断改善党的领导”；2001 年，江泽民同志在“七一讲话”中指出：“维护党和国家集中统一，维护中央的权威，是极端重要的。”胡锦涛同志多次提出坚持党总揽全局、协调各方的领导核心作用；党的十八大以来，习近平总书记反复强调坚持和加强党的全面领导，坚持党要管党、全面从严治党。

党的十九大把“党政军民学，东西南北中，党是领导一切的”写进党章。2018 年 3 月，十三届全国人大一次会议通过的宪法修正案把“中国共产党的领导是中国特色社会主义最本质的特征”写入总纲。党的历史表明，党中央必须有坚强有力的领导集体和坚强有力的领导核心。邓小平同志曾经指出：“任何一个领导集体都要有一个核心，没有核心的领导是靠不住的。”党的十四届四中全会报告写了这样一段话：“党的历史表明，必须有一个在实践中形成的坚强的中央领导集体，在这个领导集体中必须有一个核心。如果没有这样的领导集体和核心，党的事业就不能胜利。这是坚持民主集中制的一个重大问题。”党的十八届六中全会以来，我们党提出“两个维护”，就是坚决维护习近平总书记在党中央的核心、全党的核心地位，坚决维护党中央权威和集中统一领导。“两个维护”贯穿着坚持和加强党的全面领导的理论逻辑、历史逻辑、政治逻辑。

第二条经验：坚持用党的创新理论武装全党

思想统一，才会行动一致。中国共产党长期以来把思想建设放在首位，坚持不懈用马克思主义中国化的最新成果指导全党，比如用毛泽东思想、邓小平理论、“三个代表”重要思想、科学发展观、习近平新时代中国特色社会主义思想武装全党。

1950 年 5 月，党中央决定在全党全军开展为期半年的整风运动。

1951 年 2 月，中央政治局扩大会议决定从 1951 年下半年起，用三年时间开展一次整党运动。党的八大提出从 1957 年 9 月开始，在全党开展一次整风运动，对党员进行一次马克思列宁主义教育。在整个社会主义建设时期，我们党经常进行开门整党，达到统一思想、纯洁队伍的效果。

改革开放以来，我们党坚持用经常性教育与集中性教育相结合的办法，深入开展党的创新理论学习。比如，自 20 世纪 90 年代以来，开展了学习邓小平理论、学习党章，“三讲”教育及全国农村“三个代表”重要思想学习教育活动，保持共产党员先进性教育活动，深入学习实践科学发展观活动，等等。党的十八大以来开展了党的群众路线教育实践活动、“三严三实”专题教育、“两学一做”学习教育和“不忘初心、牢记使命”主题教育。全党通过这些集中教育，进一步推动用党的创新理论武装全体党员、干部。

自党的十六大以来，我们党开创了政治局集体学习制度，党的十六大至十八大一共进行了 77 次政治局集体学习。党的十八大至十九大政治局进行了 43 次集体学习。党的十九大以来，截至 2019 年 10 月已进行了 17 次集体学习。各级党委党组探索建立中心组学习制度，2014 年和 2016 年两次召开党委（党组）理论学习中心组交流会，深化学习贯彻习近平新时代中国特色社会主义思想。

第三条经验：坚持党管干部、党管人才

政治路线确定之后，干部就是决定的因素。为谁选人、选什么样的人、如何选人，历来是中国共产党贯彻执行党的路线、方针，贯彻

党的组织路线的重大问题。早在党的扩大的六届六中全会上，毛泽东同志就提出了“才德兼备”的干部标准和“任人唯贤”的干部路线。党的十一届三中全会以来，邓小平同志多次强调要坚持“德才兼备”，德要放在首位，不能重才轻德，也不能重德轻才。

在党管干部问题上，新中国成立之初我们党仍然采用战争年代的干部管理体制，即除军队干部外，其余干部都由中央和各级党委组织部门统一管理。1953 年，第二次全国组织工作会议决定实施干部分部分级管理体制，同时加强干部审查和干部教育工作。1962 年，全国组织工作会议首次提出了“党管干部”的概念，就经常性考察了解干部、干部能上能下、恢复干部鉴定制度、干部交流、干部轮训等问题进行了部署。遗憾的是，这一时期主要实行了干部职务终身制。

1981 年，党的十一届六中全会通过的决议明确提出废除干部领导职务终身制，并以此为契机，党的十二大以来在干部选拔任用、教育培训、监督管理、激励保障等环节出台了一系列规章制度，加强选人用人工作的基本规章建设。此后，党加大了干部人事制度改革的力度，比如，2000 年制定并颁布了《深化干部人事制度改革规划纲要》，2010 年还颁布实施了《2010—2020 年深化干部人事制度改革规划纲要》，在扩大干部工作民主、健全竞争择优机制、完善干部管理制度、加强干部选拔任用监督、深化分级分类管理等方面出台了大量的政策文件，干部人事制度改革也取得了显著成效。

党的十八大以来，党的干部工作出现了许多新特征：选拔任用方面，强化党组织领导和把关作用，改进推荐考察方式，切实纠正“四唯”；干部教育培训方面，加大党的理论教育、党性教育和专业能力培训，深入开展学习习近平新时代中国特色社会主义思想，引导广大党员干部增强“四个意识”，坚定“四个自信”，做到“两个维护”；干部监督管理方面，建立完善中国特色领导干部个人有关事项报告制度，开展规范领导干部在企业和社团兼职、超职数配备干部和配偶移居人员任职岗位管理、干部违规因私出国（境）、干部档案造假等专项整治；在激励保障方面，坚持严管和厚爱相结合、激励与约束并重，如探索建立县以下机关公务员职务职级并行制度，探索建立进一步激励广大干部新时代新担当新作为若干制度，大力培养选拔优秀年轻干部等。

在党管人才方面，大力实施人才强国战略，聚天下英才而用之。1978 年至 1989 年党的十三届四中全会，我们党落实了知识分子政策，解决了历史遗留问题，引导知识分子进入经济建设主战场，培养现代化建设急需人才。此后，历届党中央领导人都重视人才工作。2003 年，党中央专门成立人才工作协调小组，召开新中国历史上第一次全国人才工作会议。2012 年起，党中央实施了“万人计划”。党的十八大以来，习近平总书记高度重视人才工作，发表了许多重要讲话，作出了一系列重要指示，带头关心关爱各领域专家，重视宣传不同历史时期爱国报国、为党和人民事业做出突出贡献的优秀人才。党的十八大以来，出现了新中国成立以来最大规模的海外人才归国（来华）潮，我国人才资源总量达到了 1.75 亿，正加速迈向人才强国。

第四条经验：不断夯实党的执政根基

党的力量来自组织。一部中国共产党的历史就是发展组织、依靠组织、壮大组织的历史。

1950 年 5 月 21 日，中共中央发出《关于发展和巩固党的组织的指示》，决定在党的发展工作上采取严格审查的方针和稳步前进的办法。1951 年 4 月 9 日，中共中央作出了《关于整顿党的基层组织的决议》，对党的基层组织开展了有计划、有准备、有领导的一次普遍整理。党的八大党章首次明确了党的基层组织的组织形式，把党的基层组织划分为三类：基层党委、总支委员会、支部委员会。20 世纪 60 年代初，中央制定了农村、工业企业、商业企业三个党的组织工作条例，推进党的基层组织建设制度化、规范化。

改革开放以来，中国共产党高度重视坚强的组织体系建设。如邓小平同志在 20 世纪 80 年代初就提出要让党的各级组织“保证党的政治路线的执行和各项工作任务的完成”；江泽民同志提出“必须高度重视加强基层组织建设。基层不牢，地动山摇”；胡锦涛同志提出“不断开创党的基层组织建设新局面”；习近平总书记提出“加强党的基层组织建设，关键是从严抓好落实”。

改革开放以来，在党中央坚强有力的领导下，各领域基层党组织建设统筹推进：1990 年 8 月在山东莱西召开全国村级组织建设工作座谈会（简称“莱西会议”）；2012 年 3 月召开全国非公有制企业党建工作会议；2012 年 5 月中办发出 11 号文件，这是第一个专门规范非公党建的文件；2015 年 6 月在杭州召开全国农村基层党建工作座谈会；2016 年 10 月召开国有企业党的建设工作会议；2017 年 7 月在上海召开全国城市基层党建工作经验交流座谈会。立足于这些成功经验探索，党中央制定并颁布了规范各种类型基层党组织建设的党内法规。2018 年 10 月，党中央颁布《中国共产党支部工作条例（试行）》，把管党治党落实到“最后一公里”。

改革开放以来，党员的质量问题一直是管党治党的大问题。1989

年8月28日，中共中央发出《关于加强党的建设的通知》，明确了发展党员要执行“坚持标准，保证质量，改善结构，慎重发展”的十六字方针。在党员发展问题上，2004年、2013年、2014年分别发出文件，严把党员发展政治标准和质量关。在党员经常性教育管理方面，全国各地探索出民主评议制度，开展党组织关系集中排查，党员评星定级和积分管理制度以及加强流动党员管理等诸多制度和经验。

改革开放40多年来，广大基层党组织和党员在日常工作、服务群众、奉献社会和完成重大任务、实施重大工程、应对重大灾害方面，充分发挥了战斗堡垒作用和先锋模范作用，各条战线涌现出一大批先进典型。

第五条经验：始终保持党同人民群众血肉联系

党风决定民风，党风影响民风。新中国成立之初，党中央就决定在报纸刊物上让人民对党的工作提出批评，建立人民群众来信来访制度，建立人民监察通讯员和人民检举接待室制度。毛泽东同志还率先垂范，以身作则，严于律己，密切联系群众。同时，在全党开展整党整风运动，目标直指官僚主义、命令主义和骄傲自满情绪。1956年，在党的八大上，邓小平同志首次向全党提出了执政的考验，即脱离群众的危险不是减少了，而是增加了。

改革开放初期，邓小平同志十分重视党的作风建设，1979年3月，在党的理论工作务虚会上强调，在目前的历史转变时期，端正党的作风，具有决定意义。1990年3月，党的十三届六中全会审议通过了《中共中央关于加强党同人民群众联系的决定》；2001年9月，党的十五届六中全会上审议通过了《中共中央关于加强和改进党的作风建设的决定》；1998 年至 2000 年年底，全党在县级以上领导班子和领导干部中开展了“三讲”为主要内容的党性党风教育。此后，历次主题教育和集中性教育，作风建设都是重要主题。

党的十八大以来，以习近平同志为核心的党中央把加强作风建设摆在更加突出的位置。2012 年 12 月，中央政治局会议审议通过《中央政治局关于改进工作作风、密切联系群众的八项规定》，各地区各部门和党的各级组织严格贯彻执行八项规定精神。2013 年 4 月，党中央决定在全党开展为期一年左右的党的群众路线教育实践活动。2013 年 6 月、2015 年年底、2016 年年底、2017 年年底，中央政治局召开民主生活会，研究进一步加强和改进作风建设的措施。许多群众都认为，“八项规定改变中国”“八项规定是一张亮丽名片”。

作风问题既要靠自觉，更要靠纪律和制度。比如，《关于新形势下党内政治生活的若干准则》有密切联系群众的要求，《中国共产党纪律处分条例》有群众纪律的要求，等等。

第六条经验：坚定不移惩治腐败

中国共产党、社会主义制度都与腐败不相容。中国共产党一路走来，勇于自我革命，坚持刀刃向内，果断清除党内腐败分子。新中国成立之初，中国共产党开展“三反”“五反”运动，清除了包括刘青山、张子善等腐败分子。20 世纪 60 年代，党中央提出加强对干部的教育监督管理，防止干部腐败。

改革开放以后，面对权力下放和商品经济原则对党内生活的挑战，

1982年4月，邓小平同志强调："我们要有两手，一手就是坚持对外开放和对内搞活经济的政策，一手就是坚决打击经济犯罪活动。"按照这个思路，历届党中央不懈奋斗，努力探索反腐败斗争的体制机制。

党的十八大以来，习近平总书记多次强调："党风廉政建设和反腐败斗争，是党的建设的重大任务"，"要坚持'老虎'、'苍蝇'一起打，既坚决查处领导干部违纪违法案件，又切实解决发生在群众身边的不正之风和腐败问题。"党中央坚持有案必查、有腐必惩，以零容忍态度惩治腐败；党中央高度重视国际反腐败合作，把反腐败追逃追赃提升到国家政治和外交层面，积极参与制定相关规则，倡导构建国际反腐败新秩序。

党的十八大以来，全党将管党治党创新成果固化为法规制度，在全体党员干部中加强思想道德教育和警示教育，强化不敢腐的震慑，扎牢不能腐的笼子，增强不想腐的自觉。党的十八届中央纪委第七次会议指出，反腐败斗争压倒性态势已经形成；党的十九大报告提出：反腐败斗争形势依然严峻复杂，巩固压倒性态势、夺取压倒性胜利的决心必须坚如磐石。

第七条经验：健全党和国家监督体系

如何把权力关进制度的笼子，国际共产主义运动留下了深邃的理论思考和丰富的实践，也留下了不少教训。新中国成立尤其是改革开放以来，中国共产党立足于本国国情和社会主义制度实践，在长期探索中建立和实现了党内监督全覆盖、对国家公职人员监督全覆盖的党和国家监督体系，为人类政治文明进步贡献了中国智慧和中国方案。

新中国成立以后一个月即 1949 年 11 月，中央决定成立中央及各级党的纪律检查委员会，朱德同志担任第一届中央纪委书记。1950 年 2 月，党中央发出指示，要求党的纪律检查委员会在各级党委的领导下开展工作。为了加强党的纪律、反对党员中各种违法乱纪现象，1955 年中央纪委更名为中央监察委员会，党的各级监察委员会在各级党委指导下进行工作，增加了上级监委对下级监委的领导权。1959 年，监察部合并进入中央监察委员会。改革开放以来，中国共产党不断加大探索党内监督的力度，最终走出了一条党内监督全覆盖，带动其他领域监督的道路。在纪律检查体制上，党的十二大党章取消“同级党委领导为主”的规定，实行双重领导，中央纪委第一书记由中央政治局常委担任，加强上级纪委对下级纪委的领导。在实践探索中，双重领导体制逐步走向具体化、程序化、制度化，大大增强了纪律监督威力。同时，规范派驻监督，把派驻监督作为党内监督的一种重要形式。加强巡视制度，让巡视监督成为中国共产党党内监督的战略性制度安排。

在全体公职人员的监督方面，1986 年监察部再次组建，1987 年 7 月 1 日正式对外办公。1989 年 8 月 18 日，广东省检察院反贪污贿赂工作局成立，8 月 31 日，珠海市检察院反贪污贿赂工作局成立。1995 年最高检成立反贪总局，负责调查贪污贿赂、失职渎职、职务犯罪。1993 年党中央作出关于中央纪委、监察部合署办公的决定，实行“两块牌子，两种职能，内部运转以中央纪委为主”的运行模式，至此各级纪委开始履行纪律检查和行政监察两种职能。2007 年 5 月 31 日，国家预防腐败局成立，国家预防腐败局办公室也是中央纪委、监察部内设的预防腐败室，形成了中央纪委、监察部、国家预防腐败局合署办公的合力，体现了构建“惩治和预防腐败体系”的需要。

然而，长期以来我国对行使公权力的公职人员的监督依然存在空白点，比如：监察范围过窄；反腐败力量分散，集中统一不够；纪法衔接不畅。习近平总书记在十八届中央纪委第六次全体会议上强调，把党内监督和国家监察有机结合起来。2016 年 11 月 7 日，中共中央办公厅印发《关于在北京市、山西省、浙江省开展国家监察体制改革试点方案》，试点地区完成省、市、县三级监察委员会组建工作。2018 年 3 月，《中华人民共和国国家监察法》颁布以后，这项重大政治体制改革在全国依法推开，形成了独具中国特色的党和国家监督体系。

党和国家监督体系体现了坚持和加强党的全面领导的思想，也体现了坚持党内监督是第一位监督的原则，把党的自我监督和人民群众监督结合起来，构建了党统一指挥、全面覆盖、权威高效的监督体系，探索出长期执政条件下实现自我革命的有效途径。

第八条经验：坚持加强党内法规制度建设

治党必有党规，党规必有体系。1938 年，毛泽东在扩大的六届六中全会首次提出“党内法规”的概念，指出“为使党内关系走上正轨，除了上述四项最重要的纪律外，还须制定一种较详细的党内法规，以统一各级领导机关的行动。”这表明，党内法规的存在是为着规范党内关系，统一党的行动这个目的，有着鲜明自我革命特征。《中国共产党党内法规制定条例》规定，党内法规的名称为党章、准则、条例、规则、规定、办法、细则七类，其中党章是全党的根本遵循，准则、条例是全党的基本遵循，规则、规定、办法、细则等是全党的重要遵循。

1980 年 8 月 18 日，邓小平同志在《党和国家领导制度的改革》的讲话中指出组织制度、工作制度在管党治党方面的极端重要性。1987年党的十三大报告把改革与党的制度建设联系起来，强调："改革，特别是政治体制改革，将为我们党的建设注入新的活力。""在新的历史条件下，在党的建设上走出一条不搞政治运动，而靠改革和制度建设的新路子。"党的十三大以后，全党在健全集体领导制度和民主集中制、改革和完善党内选举制度、保障党章规定的党员民主权利、干部人事制度改革、党内监督和党风廉政建设、基层党组织建设等方面加强了党内法规制度建设。

1990 年 7 月，党中央印发《中国共产党党内法规制定程序暂行条例》。1994 年 9 月党的十四届四中全会报告指出："必须进一步坚持和健全民主集中制，特别要注重制度建设"。2002 年 11 月，党的十六大提出把思想建设、组织建设、作风建设结合起来，把制度建设贯穿其中，制度建设摆在了更加突出的位置。党的十六大至党的十八大期间，党内法规制度建设成果丰硕。

党的十八大以来，习近平总书记对党内法规制度建设做出了一系列重要指示，要求到建党 100 周年时形成比较完善的党内法规制度体系。2014 年 9 月，党中央出台《深化党的建设制度改革实施方案》，对深化党的组织制度、干部人事制度、基层组织建设制度、人才发展体制机制改革作出了全面部署。2016 年 12 月，党中央印发《中共中央关于加强党内法规制度建设的意见》，召开了全国党内法规工作会议，对新形势下党内法规制度建设作出系统谋划和战略部署。党的十八大以来，党中央对新中国成立以来制定的 2 万件党内法规和规范性文件进行集中清理，同时开展党内法规和规范性文件备案审查工作，严肃纠正了一批违法违规文件，有力维护了党中央权威和党纪国法统一。

党的十八大以来，党中央先后制定和修订的中央党内法规超过180部，出台了一批标志性、关键性、基础性法规制度，基本形成了“1+4”的党内法规制度体系。其中，“1”是指党章，“4”主要包括：组织法规体系、党的领导法规体系、自身建设法规体系、监督保障法规体系，基本建立了党内法规制度体系的“四梁八柱”。

治国必先治党，治党务必从严。70年来，党的建设的基本目标是坚持和加强党的领导，党的建设的基本动力是党的自我革命，党的建设的基本主题是党要管党、从严治党，党的建设的基本主线是执政能力建设和先进性、纯洁性建设，党的建设的基本框架是从三大建设到四大建设、“5+1”格局、“5+2”格局的拓展，体现了党的建设随着时代和党的事业的发展而发展的基本规律。

第 *12* 讲

“七个一”诠释国防和军队建设成就

马卫防

军事科学院军队政治工作研究院副院长。

观点导读

- 新中国70年，矗立起一座座光辉的历史丰碑。70年前，我们党带领人民历经浴血奋战，使“占人类总数四分之一的中国人从此站立起来了”，中国历史进入新纪元。
- 实现**国防和军队现代化**，是中国人民的**历史夙愿**，是我们党**“两个一百年”奋斗目标**的题中之意。70年风雨兼程，国防和军队现代化与人民共和国的建设发展同行，在战火硝烟中艰难起步，在改革开放中加速发展，在新时代新起点上全面推进，取得一个又一个**历史性成就**。
- 人民军队由大向强，威慑和实战能力不断提升，发展成为诸军兵种联合、基本实现机械化、加快迈向信息化的**强大军队**。
- 我们坚信，在党中央、中央军委和习近平主席的**坚强领导**下，在**习近平强军思想**的科学指引下，一定能够坚定不移地推进政治建军、改革强军、科技强军、人才强军、依法治军，加强练兵备战，聚力强军胜战，把人民军队全面建成**世界一流军队**。

扫一扫，观看国史讲堂本讲精彩视频

70 年来，国防和军队建设与新中国共成长，始终瞄准世界一流，永不停步、破茧成蝶，从追赶时代，到与时代并行，再到引领时代、开创未来。这 70 年的恢宏历程，可以说是风云激荡，征途如虹；披荆斩棘，砥砺前行；上下求索，春华秋实。今天，我结合工作和学习体会，用“七个一”来诠释国防和军队建设伟大成就。

第一个“一”，就是一个特有政治优势更加巩固强化：坚持党对军队绝对领导的根本原则不动摇，人民军队始终忠诚于党，听党指挥

国防和军队建设 70 年成就千条万条，党指挥枪的原则是第一条。毛泽东同志在红军时期确立的这条原则，是从中国革命实践中形成的，是被无数事实反复证明了的科学真理。我军正是依靠党的坚强领导，始终保持了强大的凝聚力、向心力、战斗力，不断从胜利走向胜利。

在开国大典之前，中国人民政治协商会议第一届全体会议，就通过了具有临时宪法性质的《共同纲领》，明确提出新中国“建立统一的军队”。1954 年 9 月，新中国颁布了第一部宪法，也就是人们常说的“五四宪法”，其中规定“中华人民共和国主席统率全国武装力量”。也是在 1954 年 9 月，中央政治局决定成立中共中央军事委员会，这与国

家领导体制调整相适应，因此成为加强党对军队绝对领导的重大措施。

改革开放后，党和国家军事领导制度得到了进一步创新和完善。1982年，我国颁布了第四部宪法，人们通常称其为“八二宪法”。这部宪法规定，“中华人民共和国中央军事委员会领导全国武装力量”，“中央军事委员会实行主席负责制”。我们现行的宪法沿用了这一表述。1997年通过的《国防法》规定，“中华人民共和国的武装力量受中国共产党领导”，这就进一步明确了党在国家武装力量、领导体制中的地位。

党的十九大还把“党坚持对人民解放军和其他人民武装力量的绝对领导”“中央军事委员会实行主席负责制”写入党章，标志着中国特色社会主义军事领导制度更加成熟定型。

执政必执军，强国必强军。纵观历史，党对军队绝对领导，经历了一个由党的意志上升为国家和人民的共同意志，由实践感知、情感认同不断上升为理性认知、制度认同的过程，是经过千锤百炼的烈火真金。这块真金，保证了人民军队始终是党的军队、国家的军队、人民的军队，保证了党领导军队和国家领导军队的高度统一，这种集中统一、权威高效的新型军事领导制度，是具有中国特色、中国气派的伟大创举，是党和国家重要的政治优势。

党的领导和党的建设是我军建设发展的关键，关系强军事业兴衰成败，关系党和国家长治久安。

党的十八大后，党中央和中央军委坚持从政治上建设和掌握军队，把党对军队绝对领导作为我军的命根子紧抓不放，特别是召开古田全军政治工作会议和中央军委党的建设会议，印发《关于加强新时代军队党的建设的决定》，狠抓全面从严治党、全面从严治军，坚持以整风精神推进政治整训，坚持以理论武装凝心聚魂，坚持把党组织搞坚强，坚持贯彻军队好干部标准，坚持正风肃纪、反腐惩恶，带领全军寻根溯源、革弊鼎新，推动管党治党从宽松软走向严紧硬。我军党的领导和党的建设发生全面深刻变化，为强军事业取得历史性成就、发生历史性变革提供了坚强政治保证。

第二个“一”，就是一部军事指导理论不断丰富发展：党的军事指导理论与时俱进，始终为国防和军队建设提供科学指引

没有革命的理论，就没有革命的实践。人民军队之所以不断发展壮大，关键在于始终坚持科学理论的指导。在长期实践中，我们党坚持把马克思主义基本原理同中国革命战争和人民军队建设实践相结合，先后形成了毛泽东军事思想、邓小平新时期军队建设思想、江泽民国防和军队建设思想、胡锦涛国防和军队建设思想等具有中国特色的马克思主义军事理论成果。

进入新时代，以习近平同志为核心的党中央着眼实现中华民族伟大复兴中国梦，围绕新时代建设一支什么样的强大人民军队、怎样建设一支强大人民军队，作出一系列新的重大判断、新的理论概括、新的战略安排；习近平主席准确把握国际军事竞争新态势，宏阔运筹全面建成社会主义现代化强国，全面擘画新时代强军蓝图，在波澜壮阔的强军实践中，带领全军深入进行理论探索和实践创造，形成了习近平强军思想。

习近平强军思想，是习近平新时代中国特色社会主义思想的重要

组成部分，是党的军事指导理论的最新成果，是坚持走中国特色强军之路、全面推进国防和军队现代化的行动纲领。这一思想贯穿的鲜明主题是强军兴军；根本着眼是以强军支撑强国复兴伟业；核心要求是实现党在新时代的强军目标，把人民军队全面建成世界一流军队；实践指向是走中国特色强军之路。

第三个“一”，就是一个根本职能得以有效履行：坚决捍卫国家主权、安全、发展利益，坚强柱石和钢铁长城作用充分彰显

战场打不赢，一切等于零。习近平主席多次强调，要牢固树立战斗力这个唯一的根本的标准。我军作为执行党的政治任务的武装集团，担负着巩固国防、抵抗侵略、保卫国家安全发展和人民生命财产的神圣职责。可以说，我军战斗力高低直接关系到党的执政地位的巩固，关系到国家和人民的安危存亡。

新中国成立后，人民军队追歼残敌，进军边疆，剿灭匪特，巩固了新生的人民政权；抗美援朝、保家卫国，打出了国威军威。改革开放新时期，人民军队着眼维护和平、遏制危机和打赢战争，加强战备工作和实战化演习演练，坚决维护国家主权、安全，坚决打击一切形式的分裂破坏活动，有效履行历史使命。进入新时代，习近平主席运筹帷幄，指挥一系列重大军事行动，坚决维护国家领土主权和领海权益，为实现中华民族伟大复兴奠定了坚实基础。

70 年弹指一挥间，任重道远责任在肩。当今世界，正经历百年未有之大变局，我国正处在由大向强发展的关键阶段，世界新军事

革命加速发展，国防和军队建设面临新的时与势，党中央、习近平主席赋予我军提供“四个战略支撑”的历史使命。人民军队一定能够在习近平强军思想指引下，全部心思向打仗聚焦、各项工作向打仗用劲，强化改革创新，苦练打赢本领，坚决做到召之即来、来之能战、战之必胜。

第四个“一”，就是一条发展路径更加清晰笃定：坚定不移走中国特色强军之路，人民军队边战边改，边建边改，愈改愈强

人民军队发展史就是一部改革创新发展史。在党的领导下，我军从小到大，从弱到强，从胜利走向胜利，一路走来，改革创新步伐从来没有停止过。可以说，我军之所以始终充满蓬勃朝气，同我军与时俱进，不断推进自身改革是紧密联系在一起的。

新中国成立之初，军队规模虽然庞大，但科技水平落后，武器装备简陋，难以适应飞速发展的军事斗争形势。为此，党领导我军开始了精兵强军之路的探索，经过几个波次的调整改革，党的十一届三中全会前，初步构建了适合中国国情的军事制度体系和国防体系。

党的十一届三中全会后，我们党提出和平与发展的时代主题，做出新技术革命将深刻影响战争形态和军队建设的战略判断，积极推进战略转型，我军军事力量建设踏上新征程。经过这几次大精简，人民解放军基本完成了“消肿”任务，数量精干，结构优化，整体作战能力显著提高。

党的十八大以来，习近平主席多次强调，国防和军队改革是实现

中国梦强军梦的时代要求，也是决定军队未来的关键一招，要全面实施改革强军战略，坚定不移走中国特色强军之路。在习近平主席亲自领导指挥下，通过强脑、壮骨、活血，打破了总部体制、大军区体制和大陆军体制，形成了军委管总、战区主战、军种主建的新格局，前所未有地刷新了国防和军队现代化面貌。

改革永远在路上，改革没有休止符。当前，人民军队正以崭新的姿态淬火砺剑、开新图强，以更大的智慧和勇气重整行装再出发。我们有充分的理由相信：在党中央、中央军委和习近平主席的坚强领导下，人民军队一定能够把改革进行到底，推动中国特色强军之路越走越宽广、越走越敞亮。改革必成、强军可期！

第五个“一”，就是一个战略抓手日益变为现实：全面实施科技强军战略，全速发动国防和军队现代化的强劲引擎

中国人民解放军由小到大，由弱胜强，从胜利走向胜利，既是一部听党指挥、能打胜仗、作风优良的历史，也是一部中国共产党依靠科学技术建军强军的历史。新中国成立 70 年来，我国国防科技事业从无到有、从小到大、从弱到强，取得一系列创新成果，为党的强军事业提供了有力支撑。

新中国成立之初，毛泽东同志就提出，人民军队必须掌握最新的装备，不但要有更多的飞机大炮，还要有原子弹，彻底改变中国的技术远远落后于帝国主义国家的状态。在经济实力十分薄弱的情况下，集中力量突破重点领域，研制出原子弹、氢弹、弹道导弹，发射人造

地球卫星。“两弹一星”的突破，有力带动了我国国防工业和武器装备的飞速发展，我们自行研制的各类兵器陆续装备部队，我国国防实力极大增强，国际地位有了质的跃升。

改革开放新时期，邓小平同志旗帜鲜明地提出科学技术是第一生产力，也是重要战斗力，并决策实施“863 计划”，攻克了一大批具有战略意义的技术和工艺难题，为我军高技术武器装备发展打下了比较雄厚的技术基础。世纪之交，面对蓬勃兴起的世界新军事变革，我们确立建设信息化军队、打赢信息化战争的战略目标，大力加快国防科技自主创新步伐，从根本上改变了国防科技设备落后、效益低下、长期徘徊不前的困难局面，研制出了一批“杀手锏”武器装备，提高了我军打赢信息化局部战争的能力。

进入新时代，习近平主席提出了“科技是核心战斗力”的重要思想，科学预测世界军事科技革命大势，精心筹划科技强军大略，人民军队吹响了科技强军的时代号角。

1949 年开国大典阅兵时，我军受阅的武器装备主要是缴获的战利品。70 年来，国防工业体系日臻完善，自主创新和自行研制出一大批先进国防科技和武器装备。近年来，国产航母下水试航，新型主力战舰陆续下水，歼 -20、运 -20、直 -20 等系列飞机列装部队，东风系列导弹不断更新换代，以高新技术装备为骨干的武器装备体系正在逐步形成。2019 年国庆阅兵，一大批新型武器装备惊艳亮相，我军武器装备发展驶入新的“快车道”。

第六个“一”，就是一个战略工程不断提质跃升：全面加强军事人才队伍建设，能够担当强军重任的高素质新型军事人才方阵生机勃勃

人才是建军治军之本，建设一流军队需要一流人才。强军首先要强人才，我军建设要实现大发展、大跨越，最紧急、最急需的是人才，我军未来要做到能打仗、打胜仗，最基础、最关键的也是人才。

新中国成立时，军队中知识分子和懂技术的干部很少，总体文化素质很低。这显然与建设现代化、正规化强大军队的使命任务不相适应。为了培养军事指挥和专业技术干部，逐步建立了各类军事院校，人才培养逐渐走上正轨。除院校培养外，全军大力开展以扫盲为重点的文化学习运动。军委于1950年8月1日颁布《关于在军队中实施文化教育的指示》，建立起各级文化学习的补习班、轮训队、夜校及组织领导机构，扫盲运动取得显著成效。同时，注重以训练实践培养官兵专业技能，大力开展创造优秀射手、技术能手和“五好”战士等活动，调动官兵练兵积极性。此外，我军于1959年年初提出文化教育的“十年规划”，成为从根本上改变我军干部科学文化素质的“十年大计”。

改革开放后，我们确立了干部队伍“革命化、年轻化、知识化、专业化”的方针，恢复完善了我军人才培养体系，培养了一大批军队现代化建设亟须的高素质人才。新世纪新阶段，瞄准打赢信息化条件下战争，我们重点加强了指挥军官、参谋军官、科学家、技术专家和士官这“五支队伍”的建设，造就了一大批高素质军事人才。

党的十八大以来，习近平主席深刻把握以人才为中心的军事竞争规律，领导实施人才强军战略，全面推进军事人员现代化。中央军委

出台了《作战部队指挥军官任职资格规定》，一切为实战、一切为打赢的军官培养蓝图迅速铺开；制定颁发了《实施军队人才战略工程规划》《2020 年前军队人才发展规划纲要》，构建军队院校教育、部队训练实践、军事职业教育三位一体的新型军事人才培养格局，军事人力资源政策制度更加完善；提出了坚持“德才兼备、以德为先”“五湖四海、任人唯贤”的干部路线和注重基层、注重实干、注重官兵公认的用人导向，进一步匡正了选人用人风气，一大批优秀人才脱颖而出，我军人才队伍素质实现整体跃升。

“得人则安，失人则危”。70 年来，面对任何风险挑战和风浪考验，我军之所以始终保持高度稳定和集中统一，根本原因就是始终坚持了党管干部、党管人才。全面推进国防和军队现代化，必须更加坚定自觉地坚持这一原则，确保人才建设的正确方向，努力使军事人力资源转化为实实在在的战斗力，为能打仗、打胜仗提供强有力的人才支撑和智力保证。

第七个“一”，就是一个治军方略接力传承推进：始终坚持依法治军、从严治军，治军方式正在发生根本性转变

“国无常强，无常弱，奉法者强则国强，奉法者弱则国弱。”法治是一个国家文明进步的重要标志，也是一支现代化军队的鲜明特征。国家治理体系和治理能力的现代化，战争形态的加速转变和社会环境的深刻变化要求国防和军队建设必须走法治化道路，深入推进依法治军、从严治军，不断提高国防和军队建设法治化水平。

新中国成立之初，毛泽东同志就极为重视军队纪律建设，及时作出“依法建军”的战略决策。1953年正式颁布了我军三大条令，即《内务条令》《纪律条令》《队列条令》，对内务制度、纪律维护和队列生活等做了较为全面的规范。这一时期，还先后制定和翻译了各类条令、教程、规范等上万种，为依法治军、从严治军奠定了坚实基础。

改革开放后，邓小平同志总结历史教训，从法治入手整顿军队，军队各项法规制度得到迅速恢复。1990年版《内务条令》中，“坚持从严治军、依法治军”写入总则，首次进入了军事法规，开启依法治军的新局面。1997年颁布的《国防法》，将依法治军方针首次写入国家法律，正式上升为国家意志，标志着我军治军理念和方式实现了新突破。

党的十八大以来，习近平主席鲜明提出依法治军、从严治军是强军之基，是我们党建军治军的基本方略，契合了党治国理政思想的新发展，反映了建设强大人民军队的新要求。

2014年，党中央把依法治军、从严治军纳入依法治国总体布局；中央军委2015年颁布《关于新形势下深入推进依法治军从严治军的决定》，2018年颁布试行新的共同条令，立起新时代全面从严治军的新标准。基本形成了较为完整的军事法规制度体系，治军方式正在发生历史性深刻变革。

我军经历的每一次革命性锻造、取得的每一个决定性胜利、走过的每一段光辉历程，都离不开法律纪律的保证，都镌刻着依法治军、从严治军的印记。全军官兵一定能以崇尚法治、建设法治、厉行法治的实际行动，使强军兴军在法治轨道上风正帆高悬、行稳而致远。

实现现代化的航路已经打通，我们脚下的每一步都是通往胜利的新起点。我们坚信，有 70 年的辉煌成就，有习近平主席的领航掌舵，国防和军队现代化的道路必将越走越宽广，全面建成世界一流军队的目标一定能实现。

第 *13* 讲

砥砺奋进的中国特色大国外交

冯仲平

中国现代国际关系研究院原副院长。

观点导读

- 党的十八大以来，中国与外部世界的关系迎来了一个崭新的时期。党的十九大报告明确中国特色大国外交要推动构建新型国际关系，推动构建人类命运共同体。这既是为中国特色大国外交提出的总目标，也是为中国特色大国外交提出的总任务，同时也是中国特色大国外交的总方向。
- 我们周边外交的理念，是党的十八大以后新提出来的，四个字：亲、诚、惠、容。惠，指的是经济利益、经济好处。我们加了亲、诚，放在利益之前，再加上容，包容、容纳，说明我们在周边外交中，不能仅仅考虑经济上的好处来拉近关系，还需要投入更多的情感。
- 回首新中国70年历程，国际风云激荡，中国外交走过了不平凡的道路，取得了辉煌的成就。展望未来，世界面临百年未有之大变局，中国特色大国外交，任重道远，砥砺前行。

扫一扫，观看国史讲堂本讲精彩视频

新中国成立 70 周年，新中国外交也走过了 70 个年头。70 年来中国发生了翻天覆地的变化，中国与外部世界的关系也发生了根本性的变化。70 年前，1949 年，中国以独立自主的新面貌开启了与外部世界关系的新时代；改革开放后，我们以新面貌主动融入世界，中外关系进入一个新时期。

党的十八大以来，中国特色社会主义进入新时代，中国外交也步入了中国特色大国外交的时代，中国与外部世界的关系迎来了一个崭新的时期。

70 年一路走来，新中国外交波澜壮阔。展望未来，中国特色大国外交在服务中华民族伟大复兴、促进人类进步的大道上砥砺奋进。

苏联在新中国成立第二天就宣布承认新中国，根据当时国际冷战局势，新中国决定采取“一边倒”外交战略，与苏联结盟。到 20 世纪 70 年代，中国外交开始发生巨大的调整和变化，这其中有两件很重要的事情。其一，70 年代初，基辛格、尼克松访华，美国对华战略发生了一个大的变化，中美关系改善，1979 年中美正式建交。中美关系的改善，带动了中国和西方国家关系的总体改善。其二，我国国内发生了很大变化。1978 年，党的十一届三中全会的召开具有划时代的意义，中国国内的工作重点由以阶级斗争为纲转向以经济为中心的现代化建设。国内的变化、国际上的变化，中国的前途命运发生了重大的改变。在这个大的背景下，中国进入了一个崭新的开放时期。与此同时，中国外交翻开了新的绚丽篇章，这就是全方位外交的到来。

改革开放深刻改变了中国，也推动中国外交发生了革命性的变化，中国外交确定了新的目标。什么目标呢？营造有利于中国国内经济建设的国际环境，外交要服务于我国国内的建设，外交手段也相应进行了创新改变，放弃了过去意识形态划线的做法，经济合作成为外交工作的重点。在这种改革开放的思想指导下，中国外交出现了一个崭新的、全方位的格局。为什么叫全方位呢？全方位外交可以概括为大国是关键、周边是首要、发展中国家是基础、多边是舞台，从这些思路可以看出来我国的外交是全覆盖的，所有的国家都重要。在此期间，中国和世界的关系得到了很大的发展，中国外交有力地支持了国内的经济建设，体现在吸引外国投资、引进国外先进技术和管理经验、商品的进出口等各个方面。

改革开放时期，中国国内的发展、外交，一度面临很严峻的考验。以邓小平同志为核心的党的第二代中央领导集体以极大的战略定力冷静观察、沉着应对。一方面，国内的改革开放不动摇、经济建设中心不动摇，坚持办好自己的事情。另一方面，外交上，我们提出了韬光养晦、有所作为的思想，扭转了困难的局面，恢复了我国和美国以及欧洲国家的关系，维持了稳定的国际环境，可以说中国渡过了难关，改革开放不断取得新进展。

党的十八大以来，以习近平同志为核心的党中央深刻分析和研究国内国际新形势、新变化，根据新形势、新任务，统筹国内国际两个大局，统筹发展与安全两件大事，明确提出了我们要搞中国特色大国外交，这是一个特别重要的提法。2014 年 11 月 28 日至 29 日，中央外事工作会议在北京举行，习近平总书记在会议上强调，“中国必须有自己特色的大国外交”，中国特色大国外交第一次提出来。

2016 年 3 月 5 日，第十二届全国人民代表第四次会议上，中国特色大国外交这一新的理念首次被写入了《政府工作报告》：“我们将继续高举和平、发展、合作、共赢的旗帜，践行中国特色大国外交理念，维护国家主权、安全、发展利益。”我们要注意，这里面有两个概念，一个是大国外交，一个是中国特色。大国外交，不像有些人刚开始认为我们的大国外交，就是针对大国的外交，而是指中国作为一个大国，我们的外交要体现大国的样子，这是自然而然、顺理成章的事情。首先，我们必须承认中国的身份发生了变化，中国是最大的发展中国家，随着中国经济持续增长，改革开放不断发展，综合国力得到了大幅度提升，这是一个事实。2008 年，北京成功举办奥运会；2010 年，中国成为世界第二大经济体，已经成为一个具有全球影响力的国家。在这样的情况下，中国就必须要有大国外交的意识，外交要有大国的意识。

党的十九大报告进一步明确了什么是中国特色大国外交。2017 年 10 月 18 日，习近平总书记在党的十九大报告中提出，“明确中国特色大国外交要推动构建新型国际关系，推动构建人类命运共同体”。这是对中国特色大国外交最清晰的阐述，报告将坚持推动构建人类命运共同体作为我们新时代坚持和发展中国特色社会主义的 14 条基本方略之一，这两个构建对于中国外交至关重要。

这两个构建告诉了我们什么呢？第一，中国特色大国外交要服务于民族复兴，要服务于中国梦的实现；第二，我们要促进人类进步，这可以说既是为中国特色大国外交提出的总目标，也是为中国特色大国外交提出的总任务，同时也是未来中国特色大国外交的总方向。这是国内上、国际上理解认识中国外交特别是大国特色外交的一把钥匙。

什么叫新型国际关系呢？我们倡导的、推动的新型国际关系有三重含义，就是相互尊重、公平正义、合作共赢。党的十九大报告指出，中国将高举和平、发展、合作、共赢的旗帜，恪守维护世界和平、促进共同发展的外交政策宗旨，坚定不移在和平共处五项原则基础上发展同各国的友好合作，推动建设相互尊重、公平正义、合作共赢的新型国际关系。国务委员兼外交部长王毅对新型国际关系有一个解释：这三个关键词就是表明我们要摒弃以强凌弱的丛林法则，建立在大小国家一律平等这一中国外交优良传统上。这就是我们所说的新型国际关系。

什么是构建人类命运共同体呢？习近平总书记在党的十九大报告中指出，要“建设持久和平、普遍安全、共同繁荣、开放包容、清洁美丽的世界”。这里面有五个关键词，这五个关键词就是我们希望建立一个什么样的世界。党的十九大报告提出五个“要”：“我们呼吁，各国人民同心协力，构建人类命运共同体，建设持久和平、普遍安全、共同繁荣、开放包容、清洁美丽的世界。要相互尊重、平等协商，坚决摒弃冷战思维和强权政治，走对话而不对抗、结伴而不结盟的国与国交往新路。要坚持以对话解决争端、以协商化解分歧，统筹应对传统和非传统安全威胁，反对一切形式的恐怖主义。要同舟共济，促进贸易和投资自由化便利化，推动经济全球化朝着更加开放、包容、普惠、平衡、共赢的方向发展。要尊重世界文明多样性，以文明交流超越文明隔阂、文明互鉴超越文明冲突、文明共存超越文明优越。要坚持环境友好，合作应对气候变化，保护好人类赖以生存的地球家园。”

这五个“要”是针对前面提的五个关键词，我们讲的人类命运共同体，是讲这五个情况，构建人类命运共同体，需要世界各国来共同努力。联合国在 2017 年 2 月 10 日将这一理念写入联合国决议；同年 3 月 17 日，将这个理念写入安理会决议；3 月 23 日又将这个理念载入联合国人权理事会决议。

70 年来，大国外交一直是我们的重点。现在所说的大国，主要是指美国、俄罗斯、欧盟。一般说大国关系，首先想到的就是中美关系、中俄关系、中欧关系，还有中国、印度、巴西这样一些新兴经济体。欧洲不是一个国家，但是通过战后 70 余年的区域联合和国家之间紧密的一体化合作，建立了欧洲联盟，欧盟实际上已经成为多极化世界的一极。中欧关系其实是两个层面：包括中国和欧盟成员国的关系，如中国与法国、德国，也包括中国和欧盟层面的关系。

在中国的大国外交中，中美关系无疑是最重要的。今天的中美关系实际上也是世界上最重要的双边关系之一。直到 1979 年年初，新中国成立近 30 年的时候，中美才建立起正式的外交关系。近年来，随着中国加速发展，中国主动提出愿意和美国一道发展一种新型大国关系。中国实际上最早提出新型大国关系，主要还是针对中美关系。2013 年 6 月，习近平主席和奥巴马总统在加利福尼亚安纳伯格庄园会晤时，用几个词概括了中美新型大国关系的内涵，就是不冲突、不对抗，相互尊重，合作共赢。美国和中国分别为世界第一大和第二大经济体。中国和美国，一个是最大的发展中国家，一个是最大的发达国家，美国需要正确看待中国的发展，要放弃冷战思维和零和博弈等过时的观点、观念。中美建交 40 年给我们一个重要的启示，就是中美两国可以超越意识形态分歧，可以建立伙伴关系，这种伙伴关系不仅使中美两国受益，也会使世界各国人民受益。

俄罗斯对我们中国来说，是一个很重要的国家，是中国最大的邻国，俄罗斯对中国是有特殊含义的。2013 年，习近平担任国家主席后出访的第一个国家就是俄罗斯，这反映了俄罗斯的重要地位。2019 年 6 月，习近平主席对俄罗斯进行国事访问，并出席了第 23 届圣彼得堡国际经济论坛，这是自 2013 年以来，习近平主席第八次访问俄罗斯。过去的几年里，中俄两国元首会晤近 30 次，反映了当前中俄关系的紧密程度，也反映了俄罗斯在中国外交中占有特殊的地位。2019 年是新中国成立 70 周年，中国外交 70 周年，中国和俄罗斯也在庆祝建交 70 周年。习近平主席在 2019 年 6 月 5 日访俄期间，与俄罗斯总统普京在莫斯科大剧院共同出席了中俄建交 70 周年纪念大会。

苏联解体以后，中俄关系发展顺利，合作水平越来越高。目前的中俄关系可以说就是我们倡导的新型国际关系的一个典范，是睦邻相处、合作共赢。冷战结束以后，中俄关系进行了六次定位，每一次定位都在提高。第一次是 1992 年 12 月，中俄签署了《关于中俄相互关系基础的联合声明》，这个声明宣布中俄互相视为友好国家。第二次是 1994 年 9 月，中俄宣布结成面向 21 世纪的建设性伙伴关系。第三次是 1996 年，我们建立了战略性协作伙伴关系，这是独一无二的。第四次是 2011 年，中俄两国一致同意在“伙伴关系”前面加上“全面”两个字。第五次是 2014 年，中俄签署了《关于全面战略协作伙伴关系新阶段的联合声明》，这里面又加了“新阶段”。第六次是 2019 年 6 月 5 日，习近平主席同普京总统共同签署了《中华人民共和国和俄罗斯联邦关于加强当代全球战略稳定的联合声明》和《中华人民共和国和俄罗斯联邦关于发展新时代全面战略协作伙伴关系的联合声明》，宣布发展中俄新时代全面战略协作伙伴关系。由此可以看出，中俄两国关系处于不断提质升级的过程中，定位越来越高，合作的含金量越来越大。两国不仅战略合作在提升，经贸合作也在扩大、深化。自 2010 年开始，连续 9 年中国都是俄罗斯最大的贸易伙伴，能源合作这方面是分量最重、成果最多、范围最广的一个领域。到 2018 年年底，俄罗斯已经连续三年成为中国第一大原油进口国。

下面我们看看中欧关系。我们提出和欧盟要构筑四大伙伴关系。中国对欧外交，以经贸合作为主。改革开放 40 年，把中欧紧紧吸引在一起的主要是市场、投资、技术，中国经济的快速发展，加上欧洲一体化的扩大深化，使得中国和欧洲经过几十年的发展，经济依赖越来越深。自 2004 年以来，连续 15 年，欧盟都是中国第一大贸易伙伴。与此同时，中国也是欧盟的第二大贸易伙伴，这一点双方高度重视。近年来习近平主席、李克强总理访问欧洲的频率非常高，欧方领导人访问中国也十分频繁。举个例子，德国总理默克尔从 2005 年上任到现在几乎每年都要访问中国。现在中欧双方都有强烈的意愿要扩大合作，不仅仅在经贸领域，还要扩大到全球治理等领域，一方面因为中国在国际舞台上的影响在增大，另一方面因为欧洲自从国际金融危机、欧债危机以来，它的国际影响力、国际地位受到削弱。所以，双方均有意加强国际合作，也均有加强国际合作的需求。

2014 年 3 月，习近平首次以国家主席身份访欧期间提出，中国和欧洲应该打造四大伙伴关系，就是要做和平伙伴、增长伙伴、改革伙伴、文明伙伴，在支持国际自由贸易，在全球气候变化问题上，在维护伊朗核协定等方面，双方是有共同立场的。欧盟对华关系最大的不满意，一个是贸易逆差，还有一个是要求中方对欧洲企业开放服务业市场。但是只要双方加强战略交流，增大互信，中欧关系能够保持总体稳定的发展势头。

下面我们看看周边外交。我觉得中国对周边外交近年来重视程度是空前的。周边外交工作座谈会于2013年10月24日至25日在北京召开，这是自1949年新中国成立以来第一次专门召集的讨论周边外交的会议，被称为中国周边外交顶层设计的一次会议。在这次会议上，习近平总书记强调，“无论从地理方位、自然环境还是相互关系看，周边对我国都具有极为重要的战略意义。”

这个重要性是空前的，怎么搞周边外交呢？这方面我们提出了一套清晰的理念，而且积极地进取，去实践这些理念。我国周边外交的方针，就是坚持与邻为善、以邻为伴，坚持睦邻、安邻、富邻。我国周边外交的理念，是党的十八大以后新提出来的，四个字：亲、诚、惠、容。怎么理解亲、诚、惠、容？惠，指的是经济利益，经济好处。但是我们加了亲、诚，放在利益之前，再加上容，包容、容纳，这说明我们在周边外交中，不能仅仅考虑经济上的好处来拉近关系，还需要投入更多的情感。习近平总书记强调，“要坚持睦邻友好，守望相助；讲平等、重感情；常见面，多走动；多做得人心、暖人心的事，使周边国家对我们更友善、更亲近、更认同、更支持，增强亲和力、感召力、影响力”“让命运共同体意识在周边国家落地生根”。

与周边外交密切相关的还有“一带一路”。我的看法是，“一带一路”开始于周边，重点在周边。“一带一路”倡议提出后，已经成为我国构建人类命运共同体、构建新型国际关系的重要抓手。所以，“一带一路”始于周边，重点也在周边。“一带一路”是习近平主席在访问周边国家时提出来的。2013年9月，习近平主席在访问哈萨克斯坦的时候，在纳扎尔巴耶夫大学提出，“我们可以用创新的合作模式，共同建设‘丝绸之路经济带’”“以点带面，从线到片，逐步形成区域大合作”。一个月以后，习近平主席在印度尼西亚国会发表演讲的时候提出要发展好海洋合作伙伴关系，共同建设 21 世纪“海上丝绸之路”。前面讲的“带”，后面讲的“路”，“一带一路”就这样提出来了。

“一带一路”是中国提出来的，但它不仅属于周边，而且属于世界。共建“一带一路”可以说是近几年中国外交花的心血最大的一件事。这项倡议自 2013 年提出以来，中国政府持续不断地开展了大量精细复杂的顶层设计和制度建设工作。“一带一路”的要义，可以概括为五通：政策沟通、设施联通、贸易畅通、资金融通、民心相通。为此我们设立了丝路基金，建立了亚投行。特别是和相关国家、国际组织展开了密切的沟通交流，讲我们“一带一路”倡议的想法。

2017 年 5 月 14 日至 15 日，第一届“一带一路”国际合作高峰论坛在北京举行，29 位外国元首、政府首脑及联合国秘书长等 3 位重要国际组织负责人出席“一带一路”国际合作高峰论坛领导人圆桌峰会等活动。两年之后，2019 年 4 月 25 日至 27 日，第二届“一带一路”国际合作高峰论坛在北京成功举行，在这次论坛上达成了很多重要共识，比如推动共建“一带一路”沿着高质量发展方向不断前进，秉持共商共建共享原则，坚持开放、绿色、廉洁理念，实现高标准、惠民生、可持续目标，同时我们提出了一些很重要的新的理念。

在周边外交中，我们还提出实践新的安全观，这也是非常重要的一方面。我国和周边国家发展关系，互信特别重要。2014 年 5 月 21 日，亚洲相互协作与信任措施会议第四次峰会在上海举行。在这次峰会上，习近平主席首次提出了新的亚洲安全观，这个亚洲安全观讲的是共同、综合、合作、可持续。共同，就是要尊重和保障每一个国家安全；综合，就是要统筹维护传统领域和非传统领域安全；合作，就是要通过对话合作促进各国和本地区安全；可持续，是这里面很重要的一点，就是要安全和发展并重以实现持久安全。

回首新中国 70 年历程，国际形势风云激荡，中国外交走过了不平凡的道路，取得了辉煌的成就。当今世界面临百年未有之大变局，中国特色大国外交，任重道远，砥砺前行。我们相信，也期待着，中国特色大国外交在助力实现中华民族伟大复兴中国梦的同时，在推动构建人类命运共同体的新征程中，将取得更大的成就。

第 *14* 讲

“一国两制”在港澳的成功实践

吴志良

澳门基金会行政委员会主席。

观点导读

- 港澳回归后，中央人民政府按照“**一个国家，两种制度**”的方针政策，先后设立香港、澳门特别行政区，使“一国两制”**由科学构想变成生动现实**，在过去20多年来得到成功的实践。
- 香港回归祖国22年来，在中央政府和祖国内地的大力支持下，特区政府团结带领社会各界人士，充分发挥**“一国两制”的制度优势**，推动**各项事业向前发展**，不断取得新的**成就**。澳门回归祖国20年来，**经济和社会面貌焕然一新**，生机处处，印证了“一国两制”方针政策的**科学性**。
- “一国两制”在港澳赖以成功实践，有三个主要因素是值得重视的：一是坚持“一国两制”方针政策的**初心**；二是中央政府对两个特区的**全力支持**；三是港澳居民本身的**家国情怀**。

扫一扫，观看国史讲堂本讲精彩视频

1997 年 7 月 1 日和 1999 年 12 月 20 日，中华人民共和国国旗和香港、澳门特别行政区区旗先后在香港、澳门庄严升起，标志着中国恢复对港澳两地行使主权，实现了长期以来中国人民收回港澳的共同愿望。这既是中华民族的盛事，也是世界和平与正义事业的伟大胜利。

港澳回归后，中央人民政府按照“一个国家，两种制度”的方针政策，先后设立香港、澳门特别行政区，使“一国两制”由科学构想变成生动现实，并在过去 20 多年来得到成功的实践。

“一国两制”方针下特别行政区制度在港澳的确立

大家都知道，“一国两制”构想最早是为了解决台湾问题而提出的。1979 年 1 月 1 日，全国人大常委会发表《告台湾同胞书》；1981 年 9 月 30 日，全国人大常委会委员长叶剑英发表谈话，进一步阐述中央关于台湾回归祖国、实现和平统一的九条方针政策。1982 年 1 月，邓小平同志在接见美国华人协会主席李耀滋时，明确提出“一个国家，两种制度”的概念。同年 12 月，五届全国人大第五次会议修改《宪法》，规定国家在必要时得设立特别行政区，在特别行政区内实行的制度按照具体情况由全国人大以法律规定。这为“一国两制”构想的实践提供了直接的宪法依据。

“一国两制”是指在一个中国的前提下，国家的主体坚持社会主义制度，香港、澳门、台湾保持原有的资本主义制度长期不变。虽然“一国两制”的构想是为了解决台湾问题而提出的，但在实践中首先被运用到解决香港、澳门回归祖国的问题上。中英、中葡通过谈判先后在 1984 年和 1987 年签署关于香港和澳门问题的《联合声明》，阐明中国政府在恢复对港澳行使主权后的基本方针政策。全国人民代表大会其后根据《中华人民共和国宪法》（以下简称《宪法》），展开《中华人民共和国香港特别行政区基本法》和《中华人民共和国澳门特别行政区基本法》（以下简称《基本法》）的起草工作，为“一国两制”方针政策提供法律化和制度化的依据，为特区实践“一国两制”提供法律保障。

特别行政区制度是国家根据《宪法》第 31 条的规定而采取的特殊地方管理制度。在这套制度下，中央拥有对特区的全面管治权，既包括中央直接行使的管治权，也包括授权特区依法实行中央具有监督权力的高度自治。

中央对两个特区直接行使的管治权，除了设立港、澳特别行政区，制定、修改和解释《基本法》之外，还体现在任命行政长官和主要官员、决定修改行政长官和立法会产生办法、支持指导行政长官和特区政府依法施政、负责管理与特区有关的外交事务、负责管理防务、监督特区立法机关制定的法律等方面。

港、澳特区根据“一国两制”方针政策，保持原有资本主义制度和生活方式不变，法律基本不变，并依法保护私有财产权，保持自由港和单独关税区地位，保持财政独立，实行独立的税收制度，自行制定经济、文化和社会政策等，依法充分行使行政管理权、立法权、独立的司法权和终审权。

1997 年 7 月 1 日和 1999 年 12 月 20 日，按照“一国两制”的方针，中国政府先后恢复对香港与澳门行使主权，香港与澳门两个特区正式成立，由此，“一国两制”从构想成为现实。

回归以来香港各项事业取得的进展

不可否认，回归后香港在实践“一国两制”的过程中曾经遇到过一些风波与困难。但是，在中央政府的支持下，香港特区迎难而上，各项事业取得了很大的进展。这里讲两个事例。

事例一，成功抵御亚洲金融风暴。1997 年，香港回归不久，亚洲金融风暴便席卷而来。在美国金融投机商索罗斯等一帮国际炒家的持续猛攻之下，自泰国始，菲律宾、马来西亚、印度尼西亚等东南亚国家的汇市和股市一路狂泻，一蹶不振。在东南亚得手后，索罗斯剑指香港。1997 年 10 月，首次冲击香港市场。1998 年 8 月初，国际炒家对香港发动新一轮进攻，特区政府在请示中央政府后，果断决策，入市干预。经过几轮“肉搏战”，国际炒家弹尽粮绝，落荒而逃。香港取得最终胜利，保住了几十年的发展成果。在香港抵御金融风暴的整个过程中，中央政府给予了大力的支持，首先是中央坚持人民币不贬值。在与国际炒家决战的关键时刻，中央政府派出了两名央行副行长到香港，要求香港的全部中资机构全力以赴支持香港政府的护盘行动，成为香港战胜金融风暴袭击的坚强后盾。

事例二，成功抗击非典疫情。2003 年春，SARS 病毒引起的疫病在香港全面暴发。到 3 月 31 日，位于香港九龙地区的淘大花园感染人数激增至213人。香港特区政府宣布实施“家居隔离令”，要求受感染人士自律地留在家中。4月18日、19日，香港发起“全民清洁保健行动日”活动，展开历年来最大规模的清洁行动。4月26日，体温度量措施扩大到所有入境口岸。全港学校停课、建立两亿港元的抗疫基金等措施也相继推出，特区政府开始把握抗击非典的主动权。当非典侵袭香港的时候，内地与香港守望相助，携手抗疫，中央政府给予了香港特区全力的支持，祖国内地成为香港战胜疫情的坚强后盾。

从上述两个事例不难看出，香港回归祖国20多年来，在中央政府和祖国内地的大力支持下，特区政府团结带领社会各界人士，充分发挥“一国两制”的制度优势，推动各项事业向前发展，不断取得新的成就。

经济是香港的强项。香港特区自成立以来成功应对两次国际金融危机后，经济发展取得实质性成果。1997年至2018年，香港的经济规模增长接近一倍，本地生产总值年均的实质增长率是3.4%，人均本地生产总值按港元累计实质增长59.2%。按购买力平价（PPP）计算，香港的本地生产总值在2018年位居全球第43位，人均本地生产总值位居全球第10位，一直维持在发达经济体的水平。

香港的经济成就，我们可以用“一二三四五六七”来概括。“一二三四五六七”的意思是：香港是全球第一大离岸人民币资金池，在《2019世界竞争力年报》中排名第二，是亚洲第三大股票市场、全球第四大外汇交易中心，在世界银行《2018年营商环境报告》中，便利营商排名全球第五，是全球第六大银行中心，以及全球第七大货物贸易实体。

同时，香港的社会事业也取得了很大的成就。在教育方面，香港的教育事业在亚太地区保持领先地位。香港大学、香港科技大学、香港中文大学、香港城市大学和香港理工大学位居世界 100 强大学之列。2008 年，香港协办北京奥运马术比赛项目。2009 年，香港主办第五届东亚运动会。

在医疗方面，香港拥有高质素的医疗系统和非常专业的医疗队伍。香港的婴儿死亡率由 1997 年的 4‰下降至 2017 年的 1.6‰，是全球婴儿死亡率最低的地区之一。居民的平均预期寿命是 84.7 岁，是全球预期寿命最高的地区之一。

近年来，香港特区积极发展创新科技。除了资讯及通信科技的旗舰项目数码港外，香港科技园工程在 2016 年已经全部完工。一些顶尖的创科机构，例如中国科学院广州生物医药与健康研究院、美国麻省理工学院等，也陆续落户香港。

香港在基础建设方面一直有大量的投资。除了建成香港迪士尼乐园、亚洲国际博览馆、香港国际机场二号客运大楼和扩建香港会议展览中心之外，还大力发展连接市区和新市镇的铁路网络，“启德发展计划”兴建新的邮轮码头，“西九文化区”推动文化艺术事业的长远发展，建设了全球最大的污泥处理厂、广深港高铁香港段，当然还有港珠澳大桥香港段和口岸人工岛等跨境基建工程。

香港也是连接内地与世界的“超级联系人”。世界银行、国际货币基金组织等国际组织在香港设有代表机构。在专业领域上表现出色的香港居民，更有机会在国家推荐和支持下，竞逐和担任国际组织的重要职位。例如特区政府卫生署原署长陈冯富珍女士，在 2006 年 11 月当选世界卫生组织总干事，是联合国成立以来第一位担任政府间国际组织最高负责人的中国人。

回归以来澳门各项事业取得的进展

对于回归后澳门发展取得成就也可以先看两个事例。

事例一，澳门大学横琴新校区启用。澳门大学横琴新校区是在2009年6月由中央批准开始建设的，同时，获全国人大授权特区政府在新校区内实施澳门法律和行政体系。新校区于2009年12月20日奠基，2013年11月5日正式启用，新校区面积1.1平方公里，比老校园大20倍，可容纳约一万名学生。新校区的建成，为澳门多方位培养优秀人才提供了优越的校区环境，揭开了“一国两制”澳门教育的新篇章。

事例二，澳门驻军协助救灾。2017年8月23日，澳门遭遇50多年来最强台风“天鸽”正面袭击。面对严重的灾情，中央政府应澳门特区政府请求，批准驻澳部队于8月25日出动官兵约千人，协助特区政府及市民一起参加灾后重建和恢复秩序工作。经过连续三天三夜的奋斗，驻澳部队圆满完成协助澳门救灾任务。患难之中见真情，驻澳部队官兵不辞劳苦的救助行动，受到了澳门社会各界的广泛称赞。事实证明，驻澳部队不愧是爱澳亲民的英雄部队，不愧是守护澳门的坚强后盾。

上述事例是回归后澳门发展历程中的缩影。2019年是澳门回归祖国20年的喜庆日子。身为澳门居民，我对澳门回归祖国20年来所取得的飞跃发展和进步感到高兴和自豪。尤其与回归前夕的澳门相比，经济衰退、治安不靖、人心惶惶的景象早已一去不返，如今的澳门，经济和社会面貌焕然一新，生机处处，澳门的发展验证了“一国两制”方针政策的科学性。

澳门特区成立后所做的第一件事情，就是历史性地进行了博彩经营权的分散化改革，结束一百多年来独家专营的局面，加上内地推出的“自由行”政策配合，使得澳门经济自 2003 年开始取得较快的增长势头。正是在“自由行”等政策的配合下，1999 年至 2018 年，澳门的经济规模增长接近 4 倍，本地生产总值年均的实质增长率是 7.6%，人均本地生产总值实质增长接近 3 倍，在全球排名第二，已被国际组织归类为发达经济体。

经济发展彻底解决了困扰澳门后过渡期的失业问题，使总体失业率从 2000 年的 6.8% 的高峰，回落到 2018 年的 1.8%，实现了“全民就业”。公共财政收入也大幅增长。2000 年至 2018 年间，澳门特区的公共财政收入实质增加了 16 倍，而 2018 年的财政盈余，与 2000 年相比实质增长 323 倍，预算开支规模从 2000 年的 129 亿澳门元（现值 226 亿澳门元）扩张至 2018 年的 1096 亿澳门元。公共财政收入改善，使特区政府更有资源和能力去改善民生，提高教育、社会保障、医疗水平和住房条件。

在教育方面，从 2007/2008 学年开始，澳门实施 15 年制免费教育，并全面改建、扩建、重建中、小、幼校舍，改善教学环境。同时，高等教育也取得相当大的进展。如前所述，公立的澳门大学 2013 年进驻设在横琴的新校园，大大改善教学和科研环境，提升大学在区域以至国际上的影响力和竞争力。私立的澳门科技大学、澳门城市大学和圣若瑟大学等，都在澳门回归后积极建设本身的校园，为提升本身的教学和科研水平奠定基础。其中，澳门科技大学已晋升海峡两岸四地 50 强大学之列，并设有中药质量研究和月球与行星科学两个国家重点实验室等。

澳门特区政府在社会福利方面也有相当大的投入。在2018年度，政府在社会保障方面的开支达到180亿澳门元，占全部公共开支的22.4%。政府自2005年开始向永久性居民长者发放“敬老金”，自2008年起推行“现金分享”计划，向持有澳门特区居民身份证的人士派发现金补助，2019年，每位澳门居民获发现金分享金额10000澳门元。这项措施对低收入家庭受益最大。澳门特区政府在2008年提出构建双层式社会保障体系，还推出了医疗补贴计划、学生和长者免费医疗、学生享用免费的牛奶或豆奶、水电费补贴计划等措施。

“乐业”的前提是“安居”。为了纾缓居民的住房需求，澳门特区政府在2007年推出建房计划，兴建19000个公共房屋单位。到2010年，政府加推6300多个公共房屋单位。经过多年的努力，以低收入住户为对象的社会房屋的供应问题已经彻底解决；而以优惠价格让符合资格居民购买的经济房屋，有关的配售手续正在有序进行。长远来说，澳门房屋的供应，不论是公共房屋还是私人住宅，将可满足居民在一段时期的需求。

到过澳门游览的朋友，一定会对大三巴、妈阁庙等历史建筑感兴趣。澳门在过去几个世纪以来，一直是东西方交流的桥梁，文化形象独特而鲜明，小城处处可见各式各样的物质与非物质文化遗产。由澳门老城区核心内22座建筑和8个广场前地组成的“澳门历史城区”，在2005年被联合国教科文组织列入世界文化遗产名录。澳门有8个项目先后被列入国家级非物质文化遗产代表性项目名录，2017年公布的第一批“澳门非物质文化遗产清单”共有15个项目，包括南音说唱、鱼行醉龙节、苦难善耶稣圣像出游等。

澳门不少的基础建设在回归后落成，例如为举办大型体育赛事而兴建的澳门东亚运动会体育馆、奥林匹克体育中心，还有澳门旅游塔、西湾大桥、澳门科学馆以及港珠澳大桥澳门口岸人工岛等，当然也有各类度假村项目。澳门还是世界上拥有最多五星级酒店的城市之一。而离岛医疗综合体、内港挡潮闸、粤澳新通道、连接澳门和氹仔的第四条跨海大桥、大潭山隧道、九澳隧道等项目也正在有序规划或施工中。

澳门的民主政制在回归后也依法稳步推进。行政长官选举委员会的规模，从第一届政府推选委员会的 200 人增加到现在的 400 人。立法会由选举产生的议席也不断增加，自 2013 年第五届立法会起，经由直接选举产生的议员有 14 人，间接选举产生的有 12 人，另外 7 人由行政长官委任。此外，澳门特区在 2009 年顺利完成对落实《基本法》第 23 条关于维护国家安全的本地立法工作，在维护国家根本利益方面起了带头和示范的作用。

粤港澳大湾区规划

从历史的角度看，香港原来归属广东省宝安县，而澳门则归属广东省的香山县，所以广东、香港、澳门三地地缘相近、人缘相亲、文缘相通，在经济、社会民生和文化等领域长期有着全面而深入的交流合作。随着港珠澳大桥的落成通车，珠江两岸城市的联系变得更加紧密，“粤港澳大湾区”的概念，也自然是水到渠成了。

在习近平总书记的见证下，国家发展和改革委员会、广东省人民政府、香港特区政府和澳门特区政府代表在 2017 年签署《深化粤港澳合作推进大湾区建设框架协议》。2018 年，“粤港澳大湾区建设领导小组”成立，正式进入实质规划阶段。2019 年 2 月 18 日，《粤港澳大湾区发展规划纲要》正式颁布，以打造世界级新经济区域、增强科技创新、扩大国际合作、提升优质生活、建设内地与港澳全面合作示范区为发展愿景。

根据《规划纲要》，广州、深圳、香港和澳门是大湾区内的中心城市，香港在巩固现有产业优势的同时，培育高新科技新兴产业，是大湾区中最具竞争力的国际大都会。澳门在大湾区内的定位是：世界旅游休闲中心、中国与葡语国家商贸合作服务平台，以及以中华文化为主流，多元文化并存的交流合作基地。港澳参与大湾区建设，融入国家发展大局，是大势所趋，也必将促进自身的更大发展。

大湾区建设为港澳青年发展提供了前所未有的机遇。比如，在邻近澳门的横琴就专门设了澳门青年创业谷。据我了解，澳门青年创业谷成立以来已累计孵化320个项目，其中澳门项目170个，涉及的领域包含了电子商务、智能制造、金融等。在这个创业谷里，有一家叫“跨境说网络科技有限公司”，创办人周运贤是位澳门青年。由于澳门做电子商务的人力成本很高，而横琴就可以很好地承接，所以，2015年，他把公司从澳门搬到了横琴，也是第一批进驻创业谷的企业。他的企业是国内唯一一家从事反向电商的技术性互联网企业。所谓反向电商，就是消费者对企业，是一种新的电子商务模式。企业主要做的是把大数据变现的业务，涉及的行业是国际贸易，通过输出服务，帮助对方进行数据处理，平台建设。企业对标的是彭博社，还与亚马逊合作开设了一个体验馆。跨境说与很多葡语系国家有着业务往来，最近正在与佛得角合作，帮助该国政府建设经贸数据库与电商平台，从而覆盖与中国的贸易往来。同时，他们也跟国内区域合作，输出当地的产品和服务。由于业务发展迅速，这家企业先后获得了3000万元投资，并且成为国家级高新科技企业。可见，粤港澳大湾区不但为澳门青年创业开辟了新的空间，而且为促进澳门经济适度多元发展与中葡平台建设插上了翅膀。可以说，是新时代“一国两制”的升级版。

坚持“一国两制”方针政策的初心

港澳回归以来“一国两制”成功实践的情况，在我看来，有三个主要因素是值得重视的：一是坚持“一国两制”方针政策的初心；二是中央政府对两个特区的全力支持；三是港澳居民本身的家国情怀。

“一国两制”本身是一项开创性的事业，对中央来说是治国理政的重大举措，对港澳来说是一次伟大的历史转折，但是这不可避免地会遇到新的情况和新的问题。在推进“一国两制”事业向前的过程中，有一个最根本的宗旨，也是当年提出“一国两制”方针政策的初心，就是要维护国家主权、安全和发展利益，保持港、澳特区长期繁荣稳定。

“一国两制”是一个完整的概念，“一国”是实行“两制”的前提和基础，“两制”从属并派生于“一国”，统一于“一国”之内。没有“一国”，就没有“两制”。国家主体实行社会主义制度不可改变，港澳根据国家方针政策，保持本身的资本主义制度长期不变。在这里，“一国两制”得以成功实践的重点在于彼此尊重对方实施的制度，并互相借鉴成功的经验，坚决维护《宪法》《基本法》的权威，坚决维护中央依法对港澳特别行政区行使的监督权，坚持以爱国者为主体的“港人治港”和“澳人治澳”，使国家的根本利益和港澳的整体、长远利益得到切实的保障。

中央政府对两个特区的支持

从前面讲述的香港与澳门在回归后各自遇到的两个事例，就可以体会到，港澳的发展离不开中央政府的支持，祖国内地是港澳发展的坚强后盾。港澳自从回归祖国以来，中央政府支持行政长官和特区政府依法有效施政，为维护两地的繁荣稳定提供大量实质性的支持。除了继续向港澳源源不断地供应食品、农副产品、饮用水和能源之外，还有很多事例，包括前述的支持港澳应对两次国际金融危机、应对非典疫情、协助澳门处理风灾善后工作等；而内地与港、澳特区分别签署《关于建立更紧密经贸关系的安排》（CEPA），通过零关税和开放服务贸易准入安排，是内地到目前为止，与境外经济体商签开放程度最高的自由贸易协定。

中央政府也积极支持港澳融入国家发展大局。除了粤港澳大湾区发展规划之外，又批准香港特别行政区以“中国香港”名义加入亚洲基础设施投资银行，助力“一带一路”建设，落实中国－葡语国家经贸合作论坛秘书处落户澳门，建设葡语国家人民币清算中心，开展“中葡合作发展基金”等具体工作，引导澳门建设成为中国与葡语国家商贸合作服务平台。2018 年 9 月 1 日，内地向符合资格港澳居民发放“港澳台居民居住证”，使居住在内地的港澳居民享有与内地居民相同的就业、参加社会保险和住房公积金的权利，并享用当地的基本公共服务和办理各项手续；配合各省区市对港澳居民在创业、就业、就学方面的优惠安排以至“国民待遇”，祖国内地不但为港澳特区的发展提供了广阔的腹地，还更有力地维护了港澳的持续繁荣稳定，成就了港澳在国际上竞争的独特优势。

港澳同胞的家国情怀

港澳与祖国一直同呼吸、共命运。长期以来，港澳同胞关心国家发展，积极参与祖国现代化建设。在改革开放初期，深度参与资金、人才、技术和管理的引进。如今，内地依然是港澳商人对外直接投资的首要目的地。在内地利用的境外资金中，来自港澳的资金占 54%。港澳同胞热心投入内地扶贫、教育、妇女儿童保护等公益事业，而且在内地遭受重大自然灾害时慷慨相助，大力支持抢险救灾和灾后重建工作，充分展示出血浓于水的同胞情谊。

特区政府和民间社团也不断推出措施，对青少年进行爱国主义教育。通过形式多样的交流、参访、游学、军事训练等活动，港澳青年对祖国的了解日益加深，家国情怀不断增强。而内地的高等院校也渐受欢迎，成为他们的升学目的地，报考内地高校的香港学生在 2019 年达到 10433 人，在内地高校就读的澳门学生目前大约有 5000 人，不少港澳青年还在内地创业、就业，为促进人心回归和特区建设作出了积极贡献。

港澳回归祖国后，与台湾地区的经贸和人员往来更加密切，成为增进海峡两岸了解、促进祖国统一大业的重要平台。

港澳回归祖国后，也面对着经济社会发展所带来的各种机遇和挑战。遭遇一些困难不可避免，但任何困难都是暂时的。在实践“一国两制”的过程中，港澳居民也越来越清楚地认识到，香港、澳门之所以能在回归后取得一系列的成就，就在于“一国两制”方针的正确指引，在于中央政府与祖国人民的强力支持。“一国两制”坚定了我们继续前行的信心，赋予了我们无穷的力量，使得港、澳特区可以继往开来，使得港澳居民可以安居乐业，能够平和相处，社会和谐稳定。

解决台湾问题，实现祖国完全统一，是全体中华儿女的共同愿望，也是中华民族的根本利益所在。希望“一国两制”在港澳的成功实践，能为促进世界和平正义事业提供有益的借鉴，为共创中华民族伟大复兴的美好未来，为构建人类命运共同体继续作出应有的贡献。

出版说明

70 多年前，新生的人民共和国迎着朝阳出发，彻底改变了近代以后 100 多年来中国积贫积弱、受人欺凌的悲惨命运，中华民族走上了实现伟大复兴的壮阔道路。70 多年来，我们伟大祖国的面貌、伟大人民的面貌、中华民族的面貌发生了前所未有的大变化。

2019 年，新中国成立 70 周年之际，由中央网信办网络传播局指导，人民网、中国共产党历史和文献网、中华人民共和国国史网联合推出“国史讲堂”系列理论视频，梳理 70 年来新中国在各个领域取得的辉煌成就和历史经验，阐释坚持和发展中国特色社会主义道路的重大历史和现实意义。

本书将“国史讲堂”14 期文字内容结集成册，以“国史 14 讲”的形式出版，以飨读者。书中难免还存在疏漏和不足之处，敬请广大读者提出宝贵意见。

本书编委会